Die drei ???® Kids

Schülerwitze – Zum Schrottlachen

Die drei ???® Kids

Schülerwitze
Zum Schrottlachen

KOSMOS

Umschlagsillustrationen von Kim Schmidt, Dollerup
Umschlaggestaltung: Walter Typografie & Grafik GmbH, Würzburg (U1), Jana Falkner (U4)
Illustrationen: Kim Schmidt, Jan Saße

Unser gesamtes lieferbares Programm und viele weitere Informationen zu unseren Büchern, Spielen, Experimentierkästen, Aktivitäten, Autorinnen und Autoren findest du unter **kosmos.de**

FSC
www.fsc.org
MIX
Papier | Fördert gute Waldnutzung
FSC® C014138

Gedruckt auf chlorfrei gebleichtem Papier

Pfizerstraße 5–7, 70184 Stuttgart
kosmos.de/servicecenter

ISBN: 978-3-440-16528-7
Redaktion: Jasmin Fuss, Susanne Stegbauer
Gestaltung und Satz: Doreen Brandt, Jana Falkner, Julia Fuchs
Produktion: Verena Schmynec
Druck und Bindung: Finidr, s.r.o., Český Těšín
Printed in Europe / Imprimé en Europe

Inhaltsverzeichnis

Justus'
beste Klassenwitze

Der Mathelehrer steht vor der Klasse: „Also noch mal, Peter: Wenn du zehn Bonbons hast und ich dir vier wegnehme, was hast du dann?" – „Dann hab ich ein gutes Gewissen, weil meine Mutter immer sagt, dass gute Menschen teilen sollen; aber ich glaube, für Ihr Gewissen sieht es dann eher schlecht aus."

Die Lehrerin beugt sich ganz besorgt zu Bob hinunter: „Sag mal Bob, du bist doch nicht etwa krank? Du bist heute so blass im Gesicht." Bob winkt ab. „Nö, mir geht's gut. Heute Morgen hat mich nur meine Mutter gewaschen, sonst mach ich das selbst."

Im Sachkundeunterricht versucht die Lehrerin, den Schülern anschaulich das Thema Elektrizität nahezubringen: „Schaut, wenn man einer Katze entgegengesetzt über das Fell streichelt, entsteht Elektrizität." Ehrfürchtig meldet sich Peter: „Und wo bekommt das Elektrizitätswerk dann die ganzen Katzen her?"

Die Lehrerin zu ihrer Klasse: „Die Entfernung von Sternen ist mittlerweile eine exakte Wissenschaft." Darauf bekommt Bob ganz große Augen: „Aber warum sollen die denn entfernt werden, wo sie doch so schön funkeln?!"

Zu Hause beschwert sich Justus: „Toll, heute hat uns der Lehrer Bilder von ganz berühmten Türmen gezeigt und dabei war einer ganz schief!" – „Oh ja", meint Tante Mathilda. „Das ist der schiefe Turm von Pisa." – „Ja, eben, der ist berühmt, aber ich kassiere eine Vier in Werken, nur weil meine Tonvase nicht ganz gerade ist!"

Im Schulgarten. „Herr Lehrer, was stinkt denn hier so?" – „Das ist der Mist; der kommt auf die Erdbeeren!" Peter reißt die Augen auf: „Wäre Schlagsahne nicht leckerer?"

„Du hast mir doch nicht etwa die Zunge herausgestreckt, Bob?!", schreit ihn die Lehrerin entrüstet an. „Nein", verteidigt sich Bob. „Mein Kopf ist nur ein bisschen nach hinten gekippt und die Zunge ist einfach nicht schnell genug nachgekommen."

Es ist mal wieder Zeit für die Schulfotos. Der engagierte Fotograf lächelt Justus freundlich an: „So, nun schau doch mal hier auf das schwarze Loch, da kommt gleich das Vögelchen raus." Justus runzelt die Stirn: „Sollten Sie nicht lieber auf die Belichtungsstärke und die Blendeneinstellung achten? Sonst wird das Foto nämlich unscharf."

Peter steht auf dem Schulhof und hüpft von einem Bein aufs andere. Die Klassenlehrerin sieht ihren Schüler und fragt: „Peter, müsstest du vielleicht auf die Toilette?“ – „Ja, ganz doll!“ – „Nun, dann geh doch bitte.“ Peter schaut seine Lehrerin entgeistert an: „Ich bin doch nicht blöd; jetzt ist schließlich Pause.“

Bob gibt seine Mathehausaufgabe beim Mathelehrer ab. „Hier ist die Aufgabe, die ich zu Hause rechnen sollte und ich hab sie fünfmal nachgerechnet!“, erklärt er stolz dem Lehrer, der ihm wohlwollend zulächelt. „Und hier stehen dann alle fünf Ergebnisse.“

Die Erdkundelehrerin fragt: „Wie viele Erdteile gibt es?“ Peter meldet sich: „Fünf.“ – „Bitte genauer, Peter!“ – „Eins – zwei – drei – vier – fünf.“

Die Klassenlehrerin schaut Justus über die Schulter: „Ja, sag mal, warum schreibst du denn so schnell? Das kann man ja kaum noch lesen.“ Justus schaut seine Lehrerin entschuldigend an: „Ich muss mich so beeilen, meine Füllerpatrone ist gleich leer!“

Die Lehrerin fragt ihre Klasse: „Was gehört denn nun alles zur Ausrüstung eines Polizisten?“ Jedes Kind weiß etwas; endlich ist Peter an der Reihe: „Abführmittel.“ – „Aber Peter, das ist ja absoluter Unsinn!“ Doch Peter widerspricht empört: „Gar nicht! Führen Sie doch mal so einen Verbrecher ohne Handschellen ab!“

Während der Mathearbeit sitzt Bob über seinem Blatt und die Tränen kullern ihm über das Gesicht. Verständnisvoll beugt sich der Lehrer zu ihm hinunter und fragt: „Die Fragen machen dir wohl sehr zu schaffen?“ Doch Bob schüttelt den Kopf und schnieft: „Die Fragen sind ganz o.k., aber mit den Antworten komme ich nicht zurecht.“

Der Biolehrer erklärt: „Igel erwachen von Zeit zu Zeit immer kurz aus ihrem Winterschlaf." „Ahh", meint Peter wissend, „die überprüfen also, ob sie noch leben!"

Am Ende der Stunde:
„Frau Lehrerin, was habe ich denn jetzt heute gelernt?", fragt Bob. „Ja, das ist ja eine dumme Frage!", empört sich diese. „Sehen Sie, das sage ich zu Hause auch immer, aber ich bekomme dafür Ärger!"

Auf dem Nachhauseweg bewundert Justus Bobs neue Brille. „Cool, ist die aus Fensterglas?" – „So ein Quatsch, so ein Fenster ist doch viel zu groß ..."

„Wir leben viel zu verschwenderisch in unserer Zeit und das ist gar nicht gut für unsere Umwelt. Wer kann mir denn ein Beispiel für Verschwendung nennen?“ Nach kurzem Nachdenken meldet sich Bob: „Wenn man ein Farbfoto von einem Zebra macht?“

„Der Aufsatz über Milch sollte aber eine ganze Seite lang sein, Peter, aber deiner ist nur eine halbe Seite lang!“, schimpft die Lehrerin. Dieser ist sich keiner Schuld bewusst: „Wieso? Die Milch, über die ich geschrieben habe, war auch schon halb leer.“

Justus wendet sich vor dem Diktat verzweifelt an Bob: „Mist, kannst du mir vielleicht einen Füller leihen? Meiner macht immer so viele Fehler.“

Im Biologieunterricht. „Warum fliegen so viele Vögel in den Süden, Peter?“ – „Zum Laufen wäre das ja auch ein bisschen weit!“

Der Lehrer fragt Bob: „Nenne mir ein paar Tiere!“
Bob fängt an aufzuzählen: „Pferdchen, Eselchen, Schweinchen …“
Unterbricht ihn der Lehrer: „Bob, lass doch bitte das ‚chen‘ am Ende weg.“
Verwirrt macht er weiter: „Eichhörn, Kanin, Frett!“

Fragt der Lehrer: „Wer von euch kann mir sechs Tiere nennen, die in Australien leben?“
Meldet sich Peter: „Ein Koala und fünf Kängurus.“

Bob schreibt im Diktat das Wort „Tiger“ klein. Seufzt die Lehrerin: „Ich habe euch doch schon hundertmal erklärt: Alles was man anfassen kann, wird groß geschrieben!“ Wundert sich Bob: „Na dann versuchen Sie doch mal, einen Tiger anzufassen.“

Justus schläft im Unterricht. Als der Lehrer ihn weckt, antwortet er geistesgegenwärtig: „Ich bin auf der Suche nach mir selbst und war deshalb vorübergehend nicht anzutreffen.“

Im Deutschunterricht sagt der Lehrer zu Peter: „Peter, du solltest das Diktat doch zweimal abschreiben, weil Rechtschreibung nicht zu deinen stärksten Seiten zählt. Jetzt sehe ich, du hast es nur einmal abgeschrieben. Warum?“
Peter: „Weil Mathematik auch nicht gerade zu meinen stärksten Seiten zählt!“

Während des Unterrichts bohrt Peter die ganze Zeit in der Nase, bis die Lehrerin ihn zur Rede stellt: „Schäm dich! Man bohrt doch nicht in aller Öffentlichkeit mit dem Finger in der Nase.“ Darauf Peter: „Und was, bitte schön, soll ich sonst benutzen?“

Der Lehrer fragt: „Justus, wie viel ist 8 plus 4?“
Justus überlegt nicht lange: „12, Herr Lehrer.“
„Sehr gut!“, lobt ihn der Lehrer. „Und wie hast du das so schnell ausgerechnet?“
„Das war nicht so schwer“, meint Justus.
„Ich habe einfach 500 minus 488 gerechnet.“

Vor der Schule trifft die Lehrerin Bob, der etwas an seinem Fahrrad herumstellt. „Warum lässt du denn die Luft aus den Fahrradreifen?“, fragt sie erstaunt.
Bob schaut zu ihr auf: „Was soll ich denn machen? Der Sattel ist zu hoch.“

Der Lehrer bittet Peter: „Bilde einen Satz mit Pferd und Wagen!“ „Das Pferd zieht den Wagen“, antwortet dieser. „Gut und nun noch einmal den gleichen Satz in der Befehlsform“, fordert der Lehrer ihn auf. „Hü!“

Bob schläft im Unterricht. Der Lehrer weckt ihn: „Ich kann mir nicht vorstellen, dass das der richtige Platz zum Schlafen ist!“ Daraut Bob: „Ach, es geht schon. Sie müssen nur leiser sprechen!“

„Justus“, sagt der Lehrer. „4 mal 4 ist 16 und 6 mal 6 ist 36 – wie viel ist dann 36 mal 36?“ „Das ist aber nicht gerecht“, mault Justus. „Sich selbst geben Sie die leichten Aufgaben und ich muss die schwierigen beantworten.“

Lehrer: „Was ergibt sieben und sieben?"
Bob: „Feinen Sand."

„Und was geschieht, wenn du eines der Zehn Gebote brichst?", erkundigt sich der Lehrer in der Religionsstunde. Peter meldet sich nach kurzem Überlegen und meint: „Na dann sind es eben nur noch neun..."

Peters Lehrer ist ein großer Fußballfan, konnte aber das Spiel am letzten Wochenende nicht sehen.
„War jemand von euch beim Fußballspiel?" fragt er deshalb am Montagmorgen seine Schüler.
„Ja, sagt Peter. „Ich war dort."
„Und, wie ist das Spiel ausgegangen?"
„Wie immer! Pünktlich mit dem Schlusspfiff."
„Nein", erwidert der Lehrer, „ich wollte wissen, wie viele Tore es gegeben hat."
Peter schaut ihn erstaunt an. „Auch wie immer", sagt er schließlich. „An jedem Ende des Spielfelds eins."

Im Chemieunterricht herrscht absolutes Kaugummiverbot. Wütend spricht der Lehrer Bob an, der munter ein Kaugummi kaut: „Raus mit dem Kaugummi und ab in den Müll!“ „Entschuldigung, das geht nicht. Der ist nur geliehen.“

Sagt der Lehrer streng zu Bob: „Ich hoffe, dass ich dich in Zukunft nicht mehr beim Abschreiben erwischen werde!“ Meint Bob kleinlaut: „Ja, das hoffe ich auch!“

Die Deutschlehrerin fragt naiv in die Runde: „Wie nennt man einen Menschen, der redet und redet, ohne dass es die Zuhörer interessiert, was er sagt?“ Peter schaut sie mit großen Augen an: „Einen Lehrer, Frau Lehrerin.“

„Dekliniere Werwolf."
„Der Werwolf, des Weswolfs,
dem Wemwolf, den Wenwolf."

„Welcher Vogel baut kein eigenes Nest?", fragt der Lehrer die Klasse.
„Der Kuckuck", ruft Peter.
„Richtig. Und warum nicht?"
„Weil er in einer Uhr wohnt."

„Peter, zum ersten Mal in vier Wochen hast du alle deine Rechenaufgaben richtig gelöst. Wie kommt denn das?" „Mein Vater hatte einfach keine Zeit, mir zu helfen, Herr Lehrer."

Justus steht in seinem Zimmer in der Ecke. Onkel Titus kommt hinzu und wundert sich: „Was machst du denn da?" <„Ich übe für die Schule."

Der Lehrer fragt: „Justus, wenn dir deine Tante zwei Scheiben Brot in die Schule mitgibt und du eine davon isst, was hast du dann noch?" „Dann habe ich immer noch Hunger."

Der Lehrer fragt: „Bob, wie viel ist 4 plus 4?“
Bob: „Acht.“
„Richtig, zur Belohnung bekommst du acht Bonbons von mir.“
„Wenn ich das gewusst hätte“, entgegnet Bob, „hätte ich hundert gesagt.“

Der Lehrer gibt die Aufsätze zurück: „Peter, du musst deinen Aufsatz noch einmal schreiben, und zwar so, dass es auch ein Dummer versteht.“
„Gut, Herr Lehrer. Aber könne Sie mir vorher vielleicht sagen, welche Absätze Sie nicht verstehen?“

Peter findet zwanzig Dollar, gibt sie seinem Mathelehrer und fragt: „Gibt's dafür nicht zehn Prozent Finderlohn?“
Darauf der Lehrer: „Sei nicht so gierig, hier hast du fünf Dollar und nun gib Ruhe!“

Lehrer: „Bob, wie ist denn deine neue Brille, kurz – oder weitsichtig?"
Bob: „Weder noch. Sie ist durchsichtig."

„Welche vier Worte werden in der Schule am häufigsten gebraucht?", fragt der Lehrer.
„Das weiß ich nicht", antwortet Peter.
„Richtig!"

Am Freitag schimpft der Klassenlehrer mit Justus: „Justus, das ist heute das fünfte Mal in dieser Woche, dass du zu spät kommst. Was hast du dazu zu sagen?"
„Es wird diese Woche bestimmt nicht noch einmal vorkommen."

„Wo ist denn das Stück Kuchen,
das gerade noch auf meinem Pult lag?“,
fragt die Lehrerin. Justus antwortet: „Das habe
ich einem hungrigen Jungen gegeben.“
„Das ist aber nett von dir.
Wer war es denn?“
„Ich!“

In der Musikstunde sagt die Lehrerin:
„Bob, sing doch bitte mal ein F.“
Bob singt.
„Und nun bitte ein C.“
Bob singt auch das C.
„Und nun G!“
„Wenn Sie meinen“, sagt Bob, nimmt
seine Schultasche und geht.

Die Lehrerin seufzt: „Warum antwortest du
eigentlich immer mit einer Gegenfrage?“
Darauf antwortet Bob: „Tue ich das wirklich?“

Justus kommt in die Schule.
In der ersten Stunde fragt der Lehrer:
„Wie heißt du?" „Justus ohne f."
„Aber in Justus kommt doch gar kein f vor."
„Na ja, das sagte ich ja gerade."

Im Musikunterricht.
„Welches ist das älteste Musikinstrument?", fragt die Lehrerin.
„Das Akkordeon!"
„Wie kommst du darauf?"
„Das hat die meisten Falten!"

Die Lehrerin ist außer sich über Bobs schmutzige Hände, doch er kann sie beruhigen: „Das ist noch gar nichts, Frau Lehrerin. Sie müssten erst mal meine Füße sehen."

Während der Verkehrsübungsstunde rast Peter wie wild über den Schulhof. „Halt!“, ruft ihm der Lehrer hinterher. „Du hast kein Licht und keine Klingel!“ Da ruft Peter ihm zu: „Aus dem Weg! Ich hab auch keine Bremse.“

„Warum hast du gestern im Unterricht gefehlt?“, will der Lehrer von Bob wissen.
„Weiß ich nicht“, erklärte Bob, „aber hier ist die Entschuldigung. Ich habe sie nur noch nicht gelesen.“

Die Lehrerin stellt Peter eine Frage und bekommt zur Antwort: „Sie sind aber vergesslich. Gestern haben Sie mich dasselbe gefragt und ich habe Ihnen gesagt, dass ich es nicht weiß!“

Der erste Schultag. Mitten im Unterricht packt Justus sein Brötchen aus. Sagt die Lehrerin: „Justus, hier gibt es aber kein Frühstück!“ Justus grinst und sagt: „Das dachte ich mir schon. Deshalb habe ich mir ja auch was mitgebracht.“

Im Deutschunterricht fragt der Lehrer: „Was ist das für ein Fall, wenn ich sage ‚Die Schule macht mir Spaß‘?“ „Das ist ein Ausnahmefall!“, erwidert Bob.

Fragt Justus die Lehrerin: „Kann man eigentlich bestraft werden, wenn man nichts gemacht hat?“ „Natürlich nicht!“, lächelt diese. „Prima“, meint Justus vergnügt, „ich hab nämlich meine Hausaufgaben nicht gemacht.“

Beim Diktat ermahnt der Lehrer Peter: „Das ist jetzt schon das dritte Mal, dass du zu Bob rüberschaust.“
„Ja, ich weiß, Herr Lehrer, aber das liegt nur daran, dass Bob so undeutlich schreibt.“

Lehrerin: „Wenn ich sage, ‚ich bin krank', was ist das dann für eine Zeit?"
Bob: „Eine wirklich schöne Zeit."

Die Lehrerin fragt:
„Was versteht man unter Morgengrauen?" Justus: „Das ist das Grauen, das man jeden Morgen hat, wenn man aufsteht und in die Schule gehen muss."

Höllenlärm in der Nachbarklasse. Zornig rennt der Direktor hinüber, schnappt sich den größten Schreihals und bringt ihn in seine Klasse. Nebenan wird es auffallend still. Nach einer Weile klopft Peter an: „Bitte, Herr Direktor, könnten wir jetzt unseren Mathelehrer wiederhaben?"

„Deine Fahrradlampe funktioniert nicht. Du musst absteigen und schieben", meint der Lehrer zu Bob. „Davon funktioniert sie aber auch nicht."

Lehrer: „Du siehst übermüdet aus. Wie viele Stunden schläfst du täglich?“
Peter: „Höchstens drei bis vier Stunden.“
Lehrer: „Das ist doch viel zu wenig.“
Peter: „Mir genügt es, denn in der Nacht schlafe ich ja auch noch zehn Stunden.“

Peter kommt zu spät zur Schule. Fragt der Lehrer: „Warum hast du dich denn verspätet?“ „Meine Mutter hat mir gesagt: ‚Zum Lernen ist es nie zu spät!‘“

Die Schule brennt lichterloh. Entsetzt sieht der Direktor, dass die drei ??? Papier in die Flammen werfen. „He, seid ihr wahnsinnig?“, schreit er fassungslos. „Wir wollen nur helfen!“, rufen Justus, Peter und Bob. „Das ist Löschpapier.“

Olivia fragt ihren Mitschüler Justus: „Wusstest du, dass Mädchen viel schlauer sind als Jungen?“
Justus: „Nee.“
Olivia: „Na siehste!“

„Bei uns in Kalifornien ist Kinderarbeit verboten“, erklärt Peter auf dem Schulhof. „So, und warum hat das noch niemand unseren Lehrern klargemacht?“, empört sich Bob.

Lehrerin: „Wenn die großen Jungs auf dem Pausenhof mit Schneebällen nach euch werfen, dann dürft ihr nicht zurückwerfen, sondern ihr müsst mich rufen."
Peter: „Meinen Sie wirklich, Sie könnten besser werfen als wir?"

„Geht ihr denn schon in die Schule?", fragt Mr Porter die drei ???.
„Na klar", erwiderte Peter stolz.
„So so", fragt der Nachbar weiter, „und was macht ihr so in der Schule?"
„Wir warten, bis sie aus ist."

Tante Mathilda fragt ihren Neffen: „Und, was habt ihr heute in der Schule gemacht?" Justus antwortet: „Wir haben tolle Experimente mit Sprengstoff gemacht." „Und was macht ihr morgen in der Schule?" „In welcher Schule denn?"

„Ich bin hier der Einzige, der arbeitet!", schimpft der Lehrer vor der Klasse.
„Stimmt!", pflichtet ihm Justus bei. „Sie sind ja auch der Einzige, der hier Geld dafür bekommt."

*Der Musiklehrer fragt Justus:
„Was ist dein Lieblingsinstrument?"
Justus antwortet: „Die Pausenglocke."*

Fragt die Lehrerin in der ersten Stunde: „Wem gehören diese blauen Handschuhe?" Bob meldet sich und sagt: „Die sehen aus wie meine. Sie können es aber nicht sein, da ich sie verloren habe."

Lehrer: „Justus, warum hast du gerade gelacht?"
Justus: „Ich habe an etwas gedacht."
Lehrer: „So, dann merke dir: In der Schule wird nicht gedacht."

Der Lehrer sagt: „Wenn ich vier Eier auf das Pult lege und du legst noch vier Eier dazu – wie viele sind es dann?"
Justus antwortet: „Tut mir leid, Herr Lehrer, aber ich kann keine Eier legen."

Peter im Deutschunterricht:
„Oh, eine Woge!“ Die Lehrerin korrigiert:
„Nein, das ist eine Waage.“
„Ich werde mich nun waagen.“
„Nein, das heißt wiegen.“
„Jetzt habe ich mich gewiegt.“
„Nein, man sagt gewogen.“
„Also doch eine Woge.“

Lehrer: „Bob, nenne mir einen berühmten Dichter.“
Bob: „Achilles, Herr Lehrer.“
Lehrer: „Aber Bob, Achilles war kein Dichter.“
Bob: „ So? Er wurde aber durch seine Ferse berühmt.“

„Justus, wie kommt denn dieser riesige Klecks in dein Heft?“, fragt die Lehrerin. „Das ganze Heft ist ja verdorben.“ Daraufhin gesteht Justus: „Sie haben für jeden Klecks eine Seite Strafarbeit angedroht, da habe ich dann aus vier Klecksen einen gemacht.“

Peter ist krank und bekommt vom Doktor eine Medizin. Er fragt: „Herr Doktor, hat diese Medizin auch Nebenwirkungen?" Der Arzt antwortet: „Ja, du kannst schon morgen wieder in die Schule gehen."

Lehrerin: „Mit der Rechtschreibung stehst du aber wirklich auf Kriegsfuß, Justus. Du könntest ruhig mal im Wörterbuch nachschlagen, wenn du im Zweifel bist." Justus: „Aber ich bin nie im Zweifel."

Justus fragt seinen Freund Bob: „Wie stellst du dir die ideale Schule vor?" – „Geschlossen!"

Knurrt der Löwe auf der Eisscholle: „Mir ist kalt. Blöder Schüleraustausch!"

Kommt Bob am letzten Schultag nach Hause: „Papa, schau dir bitte mal dieses Zeugnis an." Mr Andrews: „Das ist ja unter aller Sau, schämst du dich nicht dafür?" Bob: „Wieso ich? Das habe ich auf dem Dachboden gefunden. Es ist ein altes von dir."

Mrs Shaw: „Wo ist dein Zeugnis?" Peter: „Das hab ich einem Freund geborgt. Der will damit seinen Vater erschrecken."

Justus kommt mit einem sehr schlechten Zeugnis nach Hause. „Was soll ich nur sagen?“, meint Tante Mathilda verzweifelt. „Sag doch einfach, was du früher auch immer gesagt hast, wenn ich mal Pech hatte“, schlägt Justus vor.
„Und was war das?“
„Hauptsache du bist gesund, mein kleiner Spatz!“

„Peter, weißt du, was man unter Notwehr versteht?“
„Klar, wenn ich mein Zeugnis selbst unterschreibe!“

Bud Norris: „Mein Sohn, ich finde, dein Zeugnis lässt einiges zu wünschen übrig!“
Skinny: „Danke Papa, dann wünsch ich mir einen Computer!“

Im Biologieraum steht Justus interessiert vor dem großen Aquarium und bewundert einen besonders schönen Guppy: „Du bist ja eine Schönheit.“ Da tritt der Biologielehrer von hinten an ihn heran: „Justus, du weißt aber schon, dass die Fische dir nicht antworten können?“ Justus dreht sich genervt um: „Könnten Sie ja auch nicht unter Wasser!“

Im Unterricht sollen sich die Schüler mit der Entstehung von Wärme beschäftigen: „Ihr reibt jetzt eure Hände mal ganz schnell aneinander. Was fällt euch auf?“ Peter schreit begeistert: „Super! Bei mir gibt's Riesen-Dreckwürstchen!“

„Wir können uns alle sehr glücklich schätzen, dass Kinderarbeit hier bei uns verboten ist und streng bestraft wird. Bob schaut seine Lehrerin vorwurfsvoll an: „Und wie leben Sie damit, dass Sie hier bei uns jeden Tag das Gesetz brechen?“

Der Erdkundelehrer fragt seine Schüler: „So, Leute, und wie heißt das Gewässer, das zwischen Amerika und Asien liegt?“ Ratlose Stille herrscht im Klassenzimmer. Der Lehrer seufzt: „Ja genau, es ist der Stille Ozean.“

Die Geschichtslehrerin hält einen endlosen Vortrag über die amerikanische Geschichte. Dabei schaut Peter aus dem Fenster und bohrt gedankenverloren in der Nase. Die Lehrerin sieht das und ruft empört: „Peter, man bohrt nicht mit dem Zeigefinger in der Nase!“ Peter schreckt hoch: „Mit welchem dann?“

„Das Brötchen ist ja steinhart, das esse ich nicht mehr", beschwert sich Peter lautstark in der Pause. Die Pausenaufsicht hört dies und ermahnt ihn: „Aber Peter, für die Menschen im Mittelalter wäre so ein Brötchen geradezu eine Delikatesse gewesen." Peter gibt zurück: „Das glaube ich gleich, damals war es ja auch noch frisch!"

Der Mathelehrer fragt Skinny, der mal wieder in der letzten Reihe vor sich hin döst: „So, vielleicht kannst du mir sagen, was 63:9 ist?" Skinny schaut verschlafen auf: „Klar, eine Matheaufgabe."

Die Lehrerin ist wieder einmal ganz betroffen: „Kinder, wenn man sich vorstellt, dass bei jedem Atemzug, den ich mache, ein Mensch stirbt ..." Darauf Justus, gut hörbar: „Vielleicht wäre Mundwasser eine Lösung."

Im Geschichtsunterricht: „Nun, wer seine Hausaugaben gemacht hat, kann mir jetzt sagen, in welchem Jahr Napoleon gestorben ist. Also, Bob?" – „Ich würde sagen, in seinem letzten Jahr."

Im Biologieunterricht erklärt die Lehrerin: „Wenn eine Kuh ein Kälbchen bekommt, dann kalbt sie. Wenn eine Stute ein Fohlen bekommt, dann fohlt sie. Wenn ein Schaf ein Lämmchen bekommt, dann lammt es." Da ruft Peter dazwischen: „Und der Vogel eiert!"

Der Lehrer fragt: „Bob, kannst du mir die Bedeutung des Wortes ‚Pünktlichkeit' erklären?" – „Tut mir leid, das müssen Sie heute Morgen durchgenommen haben, bevor ich da war."

Justus und Peter tuscheln die ganze Stunde über. Schließlich reicht es der Lehrerin: „Ihr stört. Wenn ihr jetzt nicht aufhört mit dem Getuschel, muss ich euch auseinandersetzen." Justus schüttelt den Kopf: „Was soll das bringen? Dann müssen wir doch noch lauter reden."

Eine Lehrerin lässt ihre Klasse die Schöpfungsgeschichte erzählen. Bob beginnt: „Zuerst schuf Gott Adam. Dann sah er ihn sich an und meinte: Wenn ich es ein zweites Mal versuche, wird es bestimmt viel besser als der erste Versuch. Und dann schuf er Eva."

„So, Kinder - wie ihr alle wisst, riecht der Mensch mit der Nase und läuft mit den Füßen ..." Kommt es aus der letzten Reihe: „Aber nicht mein Opa! Bei dem riechen die Füße, und die Nase läuft."

Die Lehrerin weiht ihre Schüler in die Erste Hilfe ein. Nach ihrem Vortrag fragt sie Bob: „Was würdest du tun, wenn ein Passant einen Hitzschlag erlitten hätte?“ Eifrig antwortet dieser: „Ich lege ihn in den Schatten und mache ihn kalt.“

„Heute hab ich in Geografie alles über die Entfernung des Mondes gelernt.“, erklärt Justus auf dem Nachhauseweg einem Freund aus einer anderen Klasse. „Toll“, sagt dieser „und wie entfernt man ihn?“

Der Lehrer liest den Schülern die Geschichte vom verlorenen Sohn vor: „Der Vater des verlorenen Sohnes aber fiel auf sein Angesicht und weinte bitterlich. Peter! Warum weinte der Vater wohl?“ „Ist doch verständlich, Herr Lehrer. Fallen Sie mal mit dem Gesicht auf den Boden.“

Die Schüler müssen einen Aufsatz über Tiere schreiben. Peter schreibt: „Unser Hund ist klasse. Er ist der beste Hund, den es gibt. Er sucht Stöckchen, springt sehr hoch und bringt uns jeden Morgen die Zeitung, obwohl wir gar keine abonniert haben.“

„Bob, wenn du 100 Dollar hast und die Hälfte mir gibst, was hast du dann?“, will der Lehrer wissen. Darauf Bob: „Einen Vogel, Herr Lehrer!“

„Dein Geschichtsaufsatz ist wirklich sehr gut. Hast du ihn auch allein gemacht?“, lobt der Lehrer Justus. „Ja, Herr Lehrer! Bloß bei der Ermordung von Julius Cäsar hat mir mein Onkel etwas geholfen.“

Biologieunterricht: „Auf welcher Seite des Menschen befindet sich das Herz, Justus?"
„Auf der Innenseite!"

**Der Lehrer erklärt: „Ein Maulwurf frisst täglich so viel, wie er wiegt!"
Da fragt Peter: „Und woher weiß der Maulwurf, wie viel er wiegt?"**

*Peter schleppt beim Umzug in der Schule einen schweren Schrank keuchend die Treppe hoch.
Lehrer: „Ich habe doch ausdrücklich gesagt, dass Justus und Bob dir bei dieser schweren Arbeit helfen sollen."
Peter: „Das tun sie doch auch. Sie sitzen beide im Schrank und halten die Ordner fest, damit sie nicht rausfallen!"*

Peter geht einen Tag nicht in die Schule. Am nächsten Tag bringt er eine Entschuldigung mit, auf der steht: ‚Peter war gestern krank. Viele Grüße, meine Mama‘.

„Wo ist eigentlich deine Armbanduhr?“, fragt Peter Bob in der Schule. „Weiß ich nicht“, antwortet dieser, „die geht immer vor. Wahrscheinlich ist sie schon zu Hause.“

Die Lehrerin ist fassungslos: „Mensch, Bob, wie ist das nur möglich? Fünfzehn Fehler auf einer Seite!“ Da meint Bob: „Das liegt nur daran, dass Sie wie verrückt danach suchen!“

**Die Lehrerin fragt Bob im Matheunterricht: „Kannst du mir sagen, wieso sich zwei parallele Linien nie treffen?“
Bob antwortet: „Hm, ich weiß nicht genau. Vielleicht weil sie keine Verabredung haben?“**

Der Lehrer lobt Bob: „Deine Hausaufgaben sind in letzter Zeit viel besser geworden. Woran liegt das denn?“ Meint Bob: „Meine Mutter nimmt jetzt regelmäßig Nachhilfeunterricht.“

Lehrer: „Peter, nenn mir bitte eine Eigenschaft des Wassers!“
Antwortet Peter: „Wenn ich mich damit wasche, wird es schwarz.“

In der Schule hängen zwei wunderschöne neue Garderobenhaken. Darüber ist ein Schild mit der Aufschrift: NUR FÜR LEHRER! Am nächsten Tag klebt ein Zettel darunter: Aber man darf auch Mäntel daran aufhängen.

Anstatt die Hausaufgaben zu machen, geht Peter lieber immer wieder auf den Fußballplatz. Der Lehrer versucht, ihm ins Gewissen zu reden: „Weißt du, was aus einem Jungen wird, der nie lernt und nur Fußball spielt?“ Peter antwortet begeistert: „Ja! Fußballprofi und Millionär!“

Die Schüler müssen einen Aufsatz zum Thema ‚Ich bin ein Top-Manager‘ verfassen. Alle schreiben fleißig, nur Justus macht nichts. „Wieso schreibst du nicht?“, fragt der Lehrer. Antwortet Justus: „Ich warte auf meine Sekretärin.“

Justus fragt im Geschichtsunterricht: „Wie schreibt man Guillotine?" Antwortet der Lehrer: „Ähm … F-A-L-L-B-E-I-L."

Der Lehrer fragt: „Bob, was ist ein Durchschnitt?" „Durchschnitt ist der Ort, an dem Hühner ihre Eier legen." „Was für ein Unsinn! Wie kommst du denn darauf?" „Ich hab gelesen, dass Hühner im Durchschnitt 100 Eier im Jahr legen."

Im Erdkundeunterricht fragt der Lehrer: „Welchen Nutzen hat die Sonne?" Da antwortet Peter: „Keinen. Nachts scheint sie nicht und tagsüber ist es sowieso hell."

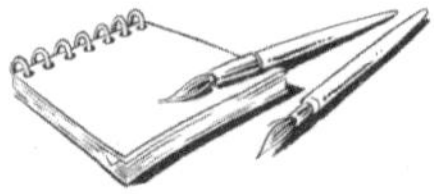

Der Lehrer erklärt: „Den bekanntesten Stelzvogel kennt ihr bestimmt alle. Das ist der Storch.“ Peter beginnt laut zu lachen. Lehrer: „Was ist denn daran so komisch?“ Peter meint kichernd: „Aber Herr Lehrer. Glauben Sie denn wirklich, wir wüssten nicht, dass es den Storch gar nicht gibt?“

Vor der Schule steht der schluchzende Bob. Kommisar Reynolds kommt vorbei: „Warum weinst du denn, Bob?“ Bob antwortet: „In der Schule hat man uns gesagt, dass wir die Straße nur überqueren dürfen, wenn die Autos vorbei sind. Und nun stehe ich schon seit über einer halben Stunde hier, und es kommt noch immer keins vorbei.“

Der Physiklehrer erklärt: „Also, Hitze dehnt Dinge aus und Kälte zieht sie zusammen."
Justus überlegt: „Deshalb sind im Sommer die Tage länger und im Winter sind sie kürzer."

*Justus kommt ins Schulsekretariat: „Ich habe in der Garderobe ein halbes Brathähnchen gefunden und das wollte ich abliefern."
Da sagt die Sekretärin: „Gut gemacht, mein Junge. Wenn sich innerhalb der nächsten sechs Monate niemand meldet, gehört es dir."*

Justus fragt neugierig: „Herr Lehrer! Ist es eigentlich ungesund, wenn man abends im Bett liest?"
Der Lehrer antwortet: „Nicht unbedingt! Aber man sollte immer nur bis zum Einschlafen lesen, und nicht länger."

Der Lehrer schaut Skinny an: „Aber Skinny, was hast du denn da für ein seltsames Paar Schuhe an? Du trägst ja einen braunen und einen schwarzen Schuh!" Skinny antwortet: „Ich weiß! Das Paar habe ich sogar zweimal."

Fragt die Lehrerin die Schüler:
„Glaubt ihr, dass es Leben auf dem Mond gibt?"
„Klar", ruft Bob. „da brennt doch jeden Abend Licht."

Justus zum Lehrer: „Wissen Sie eigentlich wie man einen Dummkopf neugierig macht?"
Lehrer: „Nein, wie denn?"
Justus: „Ich erzähle es Ihnen morgen."

Der Lehrer fragt: „Skinny, warum betest du im Unterricht?" Skinny antwortet: „Meine Mama sagt, ich soll vor dem Schlafengehen noch beten."

Die Lehrerin mahnt Bob: „Hast du denn keine Ohren? Wie oft muss ich dir denn noch sagen, dass du nicht ständig mit den Beinen zappeln sollst?" Bob rollt die Augen: „Und wie, bitte, soll ich mit den Ohren zappeln?"

Der Lehrer fragt Bob: „Wie alt ist dein Vater?"
Bob: „Genauso viele Jahre wie ich."
Lehrer: „Wie geht denn das?"
Bob: „Er ist erst Vater geworden, als ich geboren wurde."

Im Erdkundeunterricht fragt der Lehrer: „Warum sind die Häuser in der Schweiz so häufig aus Holz?“ Peter antwortet selbstbewusst: „Weil die Schweizer die Steine für ihre Berge brauchen.“

Der Lehrer fragt: „Justus, kannst du mir eine Stadt in Italien nennen?“ Justus antwortet: „Ja, Herr Lehrer, welche denn?“

Im Unterricht sagt der Lehrer zu Peter: „Lies mir bitte deinen Aufsatz vor.“ Peter beginnt: „Ich träumte, ich sei schon wach. Als ich dann aufwachte, merkte ich, dass ich noch schlief.“

Beim Elternsprechtag sitzt Mr. Shaw vor der Lehrerin: „Tja, ich muss Ihnen leider sagen, dass Ihr Sohn immer unverschämter wird. Erst letzte Woche habe ich ihn gefragt, wer ‚Nathan der Weise' geschrieben hat, und er antwortete mir frech ins Gesicht: ‚Ich jedenfalls nicht.'"
Peters Vater schüttelt den Kopf: „Gut, er ist manchmal ein bisschen frech, aber lügen tut er nicht. Wenn er also sagt, dass er das nicht geschrieben hat, dann war er es auch nicht."

Bob fragt im Biologieunterricht: „Herr Lehrer, fressen Krokodile auch Seide?"
Der Lehrer antwortet verwirrt: „Wie kommst du denn darauf?"
Bob erzählt: „Ich habe gestern in einem Schaufenster eine Handtasche mit einem Schild gesehen, auf dem geschrieben stand: „Echt Krokodil, mit Seide gefüttert."

„Bob, wie nennt man denn eine Person, die etwas stiehlt?“ Bob kommt nicht drauf. „Also, überleg mal, was bin ich, wenn ich dir jetzt in die Tasche greife und fünfzig Dollar heraushole?“
„Ein Zauberer?“

Freudig eröffnet die Lehrerin der Klasse, dass sie einen Aufsatz mit dem Thema „Ich und mein Haustier“ schreiben dürfen. Doch kaum haben alle angefangen, gibt Bob auch schon wieder ab. In seinem Heft steht in Schönschrift: „Ich habe kein Haustier.“

Peter und Bob sitzen an den Hausaufgaben:
„Sag mal, Bob, schreibt man Lama nun mit oder ohne ‚h‘?“
Bob überlegt kurz: „Kommt darauf an, ob es schnell oder langsam geht.“

In der Pause meint Peter: „Ach, ich hätte so gern das Geld, mir ein Pony kaufen zu können." – „Wozu brauchst du denn ein Pony?", fragt Justus. Peter antwortet: „Ich will kein Pony haben. Ich hätte nur gerne das Geld."

Justus und Peter treffen sich in der Pause. Da meint Peter: „Mir geht es heute gar nicht gut!"
"Du kannst ja in den Streichelzoo gehen. So etwas beruhigt normalerweise."
Abends treffen sie sich wieder in der Kaffeekanne.
"Und, geht es dir wieder besser?"
"Nein ..."
"Warum das denn?"
"Im Streichelzoo wollte mich keiner streicheln ..."

Peter holt für sich und Bob in der Mittagspause ein Eis. Kurz bevor er Bob erreicht, stolpert er und lässt ein Hörnchen fallen. „Schade", bedauert er, „jetzt hab ich ausgerechnet dein Eis fallen lassen."

Justus fragt Peter nach der Schule: „Kennst du den Unterschied zwischen erstaunt, verärgert und ausgeflippt?"
„Nein", meint der.
„Also dann pass gut auf." Justus wählt irgendeine Telefonnummer und fragt den Mann am anderen Ende der Leitung: „Guten Tag, kann ich bitte Ihren Sohn Justus sprechen?"
„Tut mir leid, ich habe keinen Sohn, der Justus heißt."
Justus legt auf und meint: „Das war erstaunt." Jetzt ruft er noch mal dieselbe Nummer an: „Guten Tag, kann ich bitte Ihren Sohn Justus sprechen?"
Der Mann am anderen Ende der Leitung sagt: „Ich habe dir schon gesagt, dass ich keinen Sohn habe, der Justus heißt!"
Justus legt auf und sagt: „Jetzt ist er verärgert." Dann wählt er wieder dieselbe Nummer und sagt: „Hallo Papa, hier spricht Justus. Hat jemand für mich angerufen?"

„Peter, stimmt es wirklich, dass du erst zehn Jahre alt bist?“ „Ja klar, wieso fragst du?“, antwortet Peter. „Weil ich nur staunen kann, dass man in so kurzer Zeit so schmutzig werden kann.“

Bobs Wellensittich ist weggeflogen. „Eigentlich hätte ich es merken müssen“, seufzt er in der Pause. „Immer wenn ich für Erdkunde gelernt habe, hat er sich auf meine Schulter gesetzt und mit in den Atlas geschaut.“

Peter muss sich beim Rektor melden: „Ich bin unschuldig.“
Rektor: „Das sagen alle.“
Peter: „Da sehen Sie ja selbst. Wenn es alle sagen, dann muss es doch auch stimmen.“

Peters
coolste Lehrerwitze

Mister Andrews sitzt während des Elternsprechtags entspannt vor dem Klassenlehrer. „So, wie macht sich denn der Bob in der Schule?" – „Im Unterricht macht er häufig einen eher verschlafenen Eindruck", entgegnet der Lehrer diplomatisch. Darauf Mister Andrews überzeugt: „Das sind eben seine Talente, die noch in ihm schlummern."

Justus, Peter und Bob lassen Papierflieger durch das Schulgebäude segeln. Einer landet genau vor den Füßen des Mathelehrers. Als er einen genaueren Blick auf den Flieger wirft, wird er rot vor Zorn. „Das sind ja Seiten aus dem Mathebuch!", brüllt er. Peter schaut ihn verständnislos an: „Aber Sie haben doch selbst gesagt, wir sollen kreativ mit den Aufgaben umgehen!"

Der Erdkundelehrer ist über den geringen Wissensstand seiner Klasse immer wieder entsetzt: „Kann mir denn überhaupt jemand einen Bundesstaat mit Hauptstadt nennen? ... Justus!" – „Klar kann ich das. Welcher soll's denn sein?"

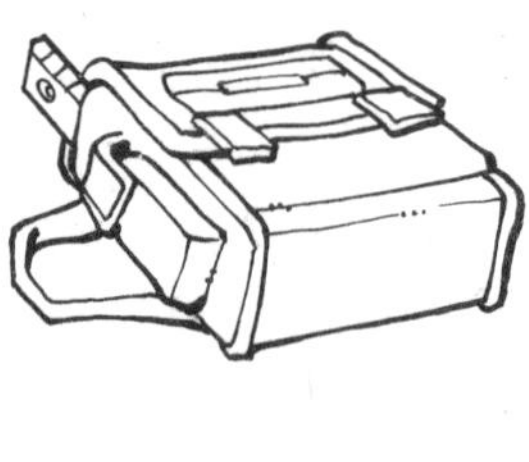

Der Geschichtslehrer erzählt vorne an der Tafel von der Völkerwanderung und wird dabei immer leiser. Irgendwann ruft jemand: „Lauter!" Völlig überrascht schaut der Lehrer auf: „Oh, Entschuldigung, ich wusste nicht, dass noch jemand zuhört!"

Die Lehrerin versucht mal wieder, den eher unwilligen Schülern die Zeiten im Englischen nahezubringen: „Also, wenn ich jetzt sage, ich bin schön; welche Zeit ist das?" Darauf Justus prompt: „Na, ganz eindeutig die Vergangenheit."

Peter meldet sich im Matheunterricht. Der Lehrer nimmt ihn erstaunt dran. „Herr Lehrer, mein Mathebuch ist weg!" – „Oh, und wie lange vermisst du es schon?" Peter fängt an zu lachen: „Als ob ich das alte Ding vermisse …"

„Heute üben wir die Gegenstandsbeschreibung, dazu lege ich euch hier meinen neuen Hut auf das Pult." Alle Kinder fangen an zu schreiben, nur Bob kaut gedankenverloren an seinem Füller. Die Lehrerin geht zu ihm: „Kann ich dir helfen, Bob?" – „Oh ja, ich weiß nämlich nicht, wie grottenhässlich geschrieben wird."

Die Lehrerin steht wieder kopfschüttelnd vor Peter: „Also wirklich", schimpft sie. „Wie kann man nur immer so schmutzig sein? Ich komme doch auch nicht so in die Schule!" Peter zuckt mit den Schultern: „Aber Sie sind halt auch viel weiter vom dreckigen Boden entfernt als ich."

„Wenn deine Mutter nun 150 Dollar für eine Hose, 150 Dollar für Schuhe und noch 230 Dollar für eine Uhr ausgeben würde, Bob, was wäre dann das Ergebnis ihres Einkaufs?" – „Ein Riesenkrach mit meinem Vater auf jeden Fall."

Lehrer: „Hat jemand meinen Bleistift gesehen?"
Peter: „Der steckt hinter Ihrem Ohr."
Lehrer: „Hör mal, Peter, ich habe keine Zeit zum Suchen. Hinter welchem Ohr?"

Ein Lehrer steht mit seiner 3. Klasse am Bahnsteig und lässt einen Zug nach dem anderen durchfahren. „Den nächsten nehmen wir – auch wenn wieder nur 1. und 2. Klasse draufsteht."

In der Lehrerkonferenz: „Das Problem ist", sagt der Direktor, „dass die Schüler sich nicht mehr konzentrieren können. Ich frage Sie, was werden wir dagegen tun?"
„Wogegen?"

Am Ende der Sommerferien sagt ein Lehrer zu seinem Kollegen: „Oje! Schon wieder arbeiten!"
Da erwidert dieser: „Mach dir nichts draus! Nur noch viermal Ferien, dann sind wieder Sommerferien."

Der Lehrer ist wütend: „Und nun erkläre mir mal, Peter, warum du den Aufsatz ‚Ein Tag bei mir Zuhause' nicht geschrieben hast!"
„Weil meine Mutter meinte, unsere Familienangelegenheiten gingen Sie nichts an, Herr Lehrer!"

Das Aufsatzthema lautet:
‚Was tue ich, wenn ich reich werde?'
Alle Kinder schreiben eifrig ganze Seiten voll, nur Bob gibt ein leeres Blatt ab.
Der Lehrer fragt: „Bob, da steht ja gar nichts drauf. Was soll denn das?"
Da grinst Bob: „Na, wenn ich mal reich werde, schreibe ich garantiert keine Aufsätze mehr."

Die Lehrerin sagt: „Wer mir einen Satz bildet, in dem ‚Samen' und ‚säen' vorkommt, der darf sofort nach Hause gehen."
Justus meldet sich: „Guten Tag zusamen, morgen säen wir uns wieder."

Der Lehrer schaut sich die Aufsätze an, wirft einen Blick auf Bob und fragt erstaunt: „Was soll denn der Hinweis unter deinem Aufsatz: ‚Copyright Bob Andrews! Alle Rechte vorbehalten, einschließlich Verfilmung und Übersetzung'?"

In der Schule erklärt die Lehrerin gerade ihren Schülern: „Alle Fragewörter fangen mit dem Buchstaben w an." Daraufhin ruft Justus aus der letzten Reihe: „Ach ja?"

Die neue Referendarin legt ihren Hut auf den Tisch und fordert die Kinder auf, ihn zu beschreiben. Nach einiger Zeit meldet sich Bob und fragt: „Schreibt man ‚scheußlich' mit ‚eu' oder ‚äu'?"

Bei einem Ausflug der Schulklasse aufs Land kommt der Lehrer mit einem Schäfer ins Gespräch:
„Wie viel Schafe haben Sie ungefähr?"
Schäfer: „Genau 5378 Tiere."
Lehrer: „Donnerwetter! Woher wissen Sie das so genau? Haben Sie einen Trick beim Zählen?"
Schäfer: „Ja, ich zähle die Beine und teile dann durch vier."

Die Frau des Schulleiters beschwert sich: „Unser Nachbar gibt seiner Frau immer ein Küsschen, bevor er fährt. Warum tust du das nicht auch?"
„Ich kenne die Frau doch gar nicht ..."

„Hör mal, Peter. Kannst du mir erklären, wie auf eine einzige Seite deiner Hausaufgaben 28 Fehler kommen konnten?"
„Das kann ich mir auch nicht erklären. Der Schulranzen war jedenfalls die ganze Nacht über verschlossen in meinem Zimmer."

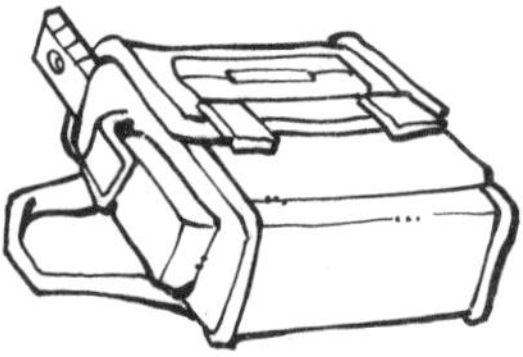

Lehrer: „Bob, was ist das für ein Schmetterling?"
„Ein Zitronenfalter, Herr Lehrer!"
„Aber Bob der hier ist grün und nicht gelb!"
„Vielleicht ist er noch nicht reif, Herr Lehrer!"

Der Mathelehrer ist völlig verzweifelt: „Diese Klasse ist so schlecht, dass ich eigentlich 60 Prozent durchfallen lassen müsste!" Da lacht jemand aus der letzten Bank: „Haha 60 Prozent, so viele sind wir gar nicht!"

**Peter: „Herr Lehrer, was heißt das, was Sie unter meinen Aufsatz geschrieben haben?"
Lehrer: „Du musst deutlicher schreiben!"**

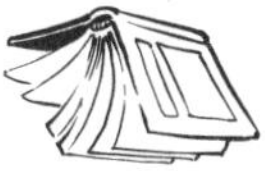

*In der Geografiestunde fragt der Lehrer die Schüler: „Wenn ich im Schulhof ein tiefes Loch grabe, wo komme ich dann hin?"
Ein Schüler antwortet: „Ins Irrenhaus!"*

„Peter, was weißt du von den alten Römern?", fragt der Lehrer. Peter überlegt kurz und sagt dann: „Sie sind alle tot."

„Peter, ich habe dir doch gestern eine ganz klare Aufgabe gestellt“, sagt der Lehrer. „Sie lautete: Wenn ein Mann in einer Stunde 5 Kilometer geht, wie lange braucht er dann für 82 Kilometer? Nun, und wo ist deine Lösung?“
„Tut mir leid, Herr Lehrer, aber mein Vater ist noch unterwegs …“

Justus schläft im Unterricht ein. Wütend rüttelt ihn der Lehrer wach und faucht ihn an: „Weißt du, was du bist?“ „Klar, ein aufgeweckter Junge!“

Der Lehrer empört:
„Wie konntest du nur
Fisch mit V schreiben?"
Antwort von Bob:
„Mit dem Füller!"

Verzweifelt fragt der Mathelehrer einen gelangweilten Schüler: „Was glaubst du wohl, welche Worte man als Lehrer am häufigsten von seinen Schülern hört?" – „Weiß ich nicht", sagt der Schüler – „Richtig", seufzt der Lehrer.

Lehrerin: „Warum heißt unsere Sprache eigentlich Muttersprache?" Peter antwortet: „Weil der Vater doch nie zu Wort kommt."

Was macht einen perfekten Lehrer aus?
Er isst nichts, er trinkt nichts und er existiert nicht.

Der Lehrer fragt Bob, wo denn seine Hausaufgaben seien.
Bob: „Ich sollte doch mein Zimmer beschreiben, oder?“
Lehrer: „Ja genau. Wo sind denn nun deine Hausaufgaben?“
Bob: „Nun, als ich die erste Wand vollgeschrieben hatte, kam meine Mutter und hat mir die Stifte weggenommen!“

Fragt der Lehrer Justus: „Welche Muskeln werden beansprucht, wenn ich boxe?“
Justus: „Meine Lachmuskeln!“

Lehrerin: „Warum baut der Kuckuck kein Nest?“
Peter: „Weil er in der Uhr wohnt!“

„Wer hat für dich die Hausaufgabe gelöst?“, fragt der Lehrer streng. „Das weiß ich doch nicht“, antwortet Peter. „Ich musste gestern Abend schon früh ins Bett.“

Die Erdkundelehrerin hat einen großen Globus mitgebracht und fragt: „Wer kann mir zeigen, wo Amerika ist?“ Justus steht auf und zeigt auf Amerika. „Prima“, sagt die Lehrerin und fragt dann: „Und wer kann mir sagen, wer Amerika entdeckt hat?“ Darauf die ganze Klasse im Chor: „Justus!“

Der Lehrer fragt Bob, wann die Dinosaurier ausgestorben sind. Der antwortet: „Vor 65 Millionen und 13 Jahren!“ „Woher weißt du das so genau?“ fragt der Lehrer. „Ich habe es in einem Buch gelesen“, sagt Bob, „aber das Buch ist schon 13 Jahre alt!“

Die Lehrerin fragt: „Was ist die Hälfte von 543 Kilo?“ Justus antwortet ganz selbstverständlich: „543 Pfund.“

Der Lehrer fragt:
„Wie nennt man Lebewesen, die auf dem Land und im Wasser leben?“
Antwortet Peter: „Badegäste.“

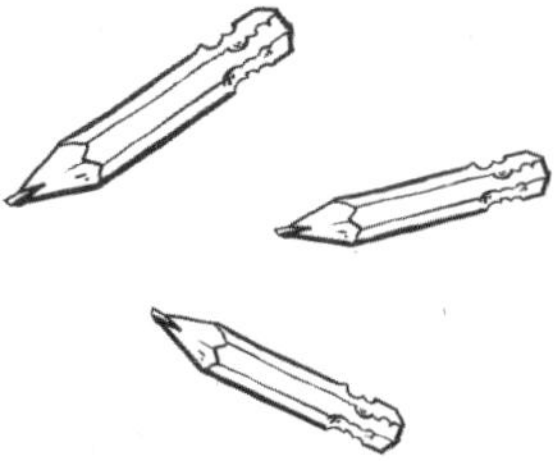

Der Lehrer fragt die Klasse: „Wie heißt die Mehrzahl von Sandkorn?“
Da ruft Bob: „Wüste.“

Der Mathelehrer fragt Justus:
„Wenn ich dir sieben Geschenke gebe und dann wieder vier wegnehme, was ist das?“
Dieser antwortet: „Gemein.“

Der Lehrer zu seinen Schülern: „Was ist 4 minus 1?" Peter antwortet: „Es ist 5!" „Wieso 5, Peter?", fragt der Lehrer. „Ein Blatt hat vier Ecken. Schneidet man eine ab, hat man fünf Ecken."

Fragt der Lehrer Bob: „Wenn ich dir zwei Hasen schenke und sie ein Kind bekommen, wie viele Hasen hast du dann?"
Bob: „Fünf."
Lehrer: „Das ist nicht richtig."
Bob: „Doch, ich hab ja schon zwei."

Der Lehrer dreht sich zur Tafel um und die Klasse wird sofort laut. Sagt der Lehrer: „Warum höre ich was?" Darauf Justus: „Weil Sie zwei Ohren haben."

„Wie viel ist 5 mal 5, Justus?" – „5 mal 5 ist fünfundzwanzig." – „Recht gut, Justus." – „Wieso recht gut? Besser geht's nicht!"

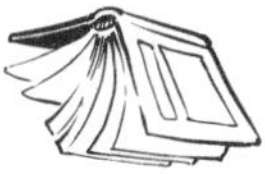

Was steht auf dem Grabstein eines Mathelehrers? Damit hat er nicht gerechnet!

Im Hauswirtschaftsunterricht. Der Lehrer erklärt den Schülern: „Also, ihr nehmt zwei Drittel Wasser, ein Drittel Sahne und ein Drittel Brühe und dann …" – „Herr Lehrer", unterbricht Peter, „das sind doch dann schon vier Drittel." Darauf der Lehrer zornig: „Mensch, sei doch nicht so umständlich. Dann nimmst du halt einen größeren Topf!"

Ein Mathematiklehrer steht vor der Klasse und erklärt: „Es gibt keine größere und keine kleinere Hälfte ... aber warum erzähl ich euch das überhaupt, die größere Hälfte von euch versteht das ja doch nicht."

Im Englischunterricht fragt der Lehrer: „Peter, kannst du mir sagen, was neun auf Englisch heißt?" Daraufhin Peter: „Nein!" Stolz lobt ihn der Lehrer: „Sehr gut Peter!"

Die Lehrerin fragt im Erdkundeunterricht: „Justus, kannst du mir die Mehrzahl von Baum sagen?" – „Ja, klar. Wald!"

Lehrer: „Was ist der Unterschied zwischen einer Taschenlampe und der Sonne?“ Meldet sich Peter: „Die Sonne braucht keine Batterien!“

Fragt die Lehrerin im Matheunterricht: „Ich schneide eine Pflaume in vier gleiche Teile. Dann nehme ich vier Teile weg. Was bleibt übrig?“ Meint Bob nachdenklich: „Nur der Kern.“

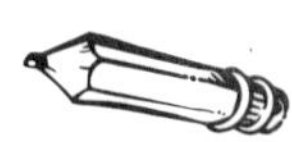

Die Kinder haben Sport und warten in der Halle auf Peter. Schließlich ruft der Lehrer ungeduldig in die Umkleidekabine: „Peter, hast du endlich deine Turnschuhe an?“ „Ja“, schallt es zurück, „alle bis auf einen!“

Fragt der Lehrer: „Wo ist im folgenden Satz das Subjekt? Peter kauft Milch."
Bob meldet sich:
„Im Supermarkt!"

Im Unterricht erklärt die Lehrerin: „Es gibt Geschöpfe, bei denen die Sinne stärker entwickelt sind als beim Menschen. Wer kann mir zum Beispiel ein Tier nennen, das besser sieht als der Mensch?"
„Der Adler!", weiß Justus.
„Richtig, und wer riecht besser als der Mensch?", fragt die Lehrerin.
Meldet sich Peter: „Die Rose!"

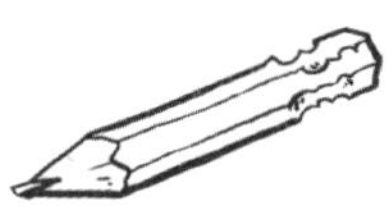

Lehrerin: „Was malst du denn da, Bob?"
„Eine Kuh!"
„Und wo ist denn der Schwanz?"
Antwortet Bob: „Der ist noch im Bleistift!"

Erdkundeunterricht. „Woran kann man erkennen, dass Ebbe ist?“
Bob schlägt vor: „Daran, dass es beim Rudern staubt?“

Der Lehrer erklärt Verkehrszeichen und fragt: „Was bedeutet dieses Schild, auf dem ein rennendes Kind mit einem Schulranzen zu sehen ist?“
Antwortet Justus: „Ein Schüler auf dem Heimweg!“
„Wieso ausgerechnet auf den Heimweg. Es könnte doch auf dem Weg in die Schule sein?“, will der Lehrer wissen.
Meint Justus: „Sicher nicht. Das Kind rennt doch!“

Im Matheunterricht fragt die Lehrerin: „Ein Haus hat fünf Stockwerke. Zu jedem führen zwanzig Stufen. Wie viele Stufen muss man bis zum fünften Stockwerk hinaufsteigen?" Meldet sich Bob: „Alle!"

Im Matheunterricht fragt der Lehrer: „Was ist 3 hoch 1?“ Da antwortet Justus: „Ein Hund beim Pinkeln!“

In der Grammatikstunde schreibt der Lehrer einen Satz an die Tafel: Der Landstreicher ist des Hungers gestorben. Dann fragt er Justus: „Wo liegt das Subjekt des Satzes?“ Der antwortet: „Ich nehme an, auf dem Friedhof!“

„Herr Lehrer, was ist eigentlich ein Vakuum?“ „Ich habs im Kopf, aber ich komme nicht darauf!“

Der Mathematiklehrer überrascht seine Klasse mit einer schwierigen Aufgabe: „Der Briefträger rennt 12 Kilometer in der Stunde und der Dackel 16 Kilometer, die Entfernung beträgt 50 Meter. Meine Frage: Wann überholt der Dackel den Briefträger? Löst das Problem bitte zeichnerisch.“
Ein Schüler meint ratlos: „Aber ich kann keinen Dackel zeichnen.“

Die Lehrerin prüft das Einmaleins. Sie fordert: „Das Ergebnis muss wie aus der Pistole geschossen kommen. Wie viel ist 4 mal 5?“
Da ruft Peter laut in die Klasse: „PENG!“

Peter und Bob unterhalten sich vor dem Biologieunterricht über die Abstammung des Menschen. „Meine Mutter hat mir gesagt, dass wir alle von Adam und Eva abstammen“, sagt Bob. „Und mein Vater hat mir gesagt, dass wir alle von Affen abstammen“, erwidert Peter. Da grinst Bob: „Vielleicht ist das ja in jeder Familie anders.“

Fragt der Lehrer: „Was ist die Zukunftsform von ‚ich klaue‘?“ Antwortet Justus: „Ich werde klauen.“ Da ruft Bob dazwischen: „Das ist total falsch. Es heißt nämlich: ‚Ich komme ins Gefängnis‘.“

In der Schule wird eine Wanderung vorbereitet. Die Frage lautet: ‚Was tut man, wenn ein starkes Gewitter kommt?‘ Bob meint: „Man legt sich einfach hin!“ Fragt der Lehrer: „Warum?“ Darauf Bob: „Damit der Blitz denkt, dass man schon tot ist!“

Der Lehrer fragt: „Wie viele Einwohner hat Amerika?“
Peter: „Ja … ähm … ähm …“
Der Lehrer ungeduldig: „Nun beeil dich etwas.
Je länger du wartest, umso mehr werden es!“

Der Lehrer hält ein weißes und ein braunes Ei hoch und fragt dabei seine Schüler: „Was fällt euch auf?“ Meldet sich Bob: „Klare Sache, das braune Ei war schon im Urlaub!“

„Wer kann mir ein Tier ohne Knochenbau nennen?“, will der Lehrer im Biologieunterricht wissen.
Justus meldet sich: „Ein Wurm!“
„Richtig, Justus! - Und wer weiß noch ein Tier ohne Knochenbau?“
Diesmal meldet sich Peter und sagt:
„Vielleicht noch ein Wurm?“

Beim Test schimpft der Lehrer: „Peter, das reicht jetzt aber. Schon zum vierten Mal schreibst du bei deinem Nachbarn ab!“ „Was heißt denn hier abschreiben? Ich gucke doch nur, ob er alles richtig hat!“

Der Lehrer fragt: „Was versteht man unter einer Bahnunterführung?“ Meldet sich Justus: „Kein Wort, wenn grade ein Zug darüber fährt!“

Der Lehrer: „Bob, hier siehst du einen Spatz und einen Buchfinken. Sag mir bitte, welcher der Buchfink ist.“ „Das ist der Vogel neben dem Spatz!“

„Peter, kannst du mir sagen, warum Milch Fett enthält?“, will die Lehrerin wissen. „Na klar, damit es beim Melken nicht so quietscht!“

Bob hat seine Hausaufgaben nicht gemacht. Er entschuldigt sich: „Herr Lehrer, ich konnte den Aufsatz nicht ins Reine schreiben, weil mein Heft so schmutzig war!“

Der Sportlehrer fragt Justus:
„Kannst du schwimmen?“
„Na klar.“
„Wo hast du das gelernt?“
„Im Wasser natürlich!“

Der Lehrer erklärt im Unterricht: „‘Anonym‘ bedeutet, dass jemand nicht erkannt werden will. Wer kann mir denn ein Beispiel nennen, wann jemand anonym bleiben möchte?“ In diesem Moment saust ein Papierkügelchen an seinem Kopf vorbei. Wütend verlangt er: „Ich will sofort wissen, wer das war!“ Justus schüttelt bedauernd den Kopf: „Ich fürchte, er wird wohl anonym bleiben.“

„Welches Tier hat das größte Anpassungsvermögen?“, fragt der Biologielehrer.
Darauf antwortet Peter: „Das Huhn. Es legt die Eier immer so, dass sie in den Eierbecher passen!“

Der Lehrer fragt: „Was ist ein Sattelschlepper?“
Meldet sich Bob:
„Vermutlich ein Cowboy, der sein Pferd verloren hat!“

„Bob, kannst du mir sagen, wie lange Krokodile leben?"
„Ich nehme an, genauso wie kurze!"

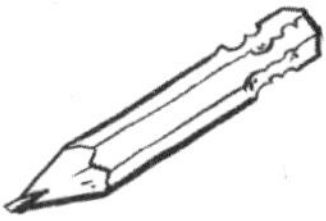

Lehrer: „Was stellst du dir unter einer Brücke vor?"
Darauf Justus: „Jede Menge Wasser!"

„Was ist Wind?", fragt der Lehrer.
Peter weiß die Antwort:
„Das ist Luft, die es eilig hat."

In der Physikstunde fragt der Lehrer: „Wer von euch kann mir einen durchsichtigen Körper nennen?"
Meldet sich Justus: „Glas."
„Richtig, Justus. Kennt noch jemand einen?"
Meldet sich Bob: „Das Schlüsselloch!"

Die Lehrerin will von Bob wissen: „Kannst du mir sagen, zur welcher Familie der Wal gehört?"
Darauf Bob: „Nein, ich kenne keine Familie, die einen Wal hat!"

Fragt der Lehrer: „Wenn ich mich auf den Kopf stelle, läuft mir das Blut in den Kopf. Wenn ich aber auf den Füßen stehe, warum läuft mir das Blut nicht in die Füße?“
Meldet sich Justus: „Weil die Füße nicht hohl sind!“

Der Lehrer fragt: „Wie entsteht Tau?“
Darauf sagt Peter: „Die Erde dreht sich so schnell, das sie dabei ins Schwitzen kommt!“

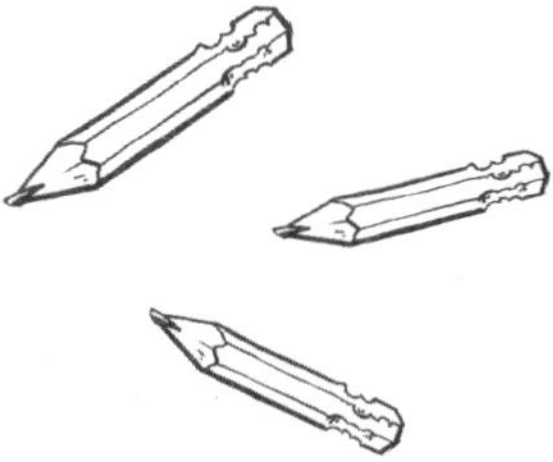

Lehrer: „Ich habe euch von Klapperschlangen erzählt. Wer kann mir ein ähnliches Tier nennen, dem man nicht trauen kann?“
Meldet sich Bob: „Dem Klapperstorch!“

Justus geht in der zweiten Stunde zur Lehrerin und sagt: „Meinem Onkel hat das Zeugnis gar nicht gefallen. Können Sie es bitte umtauschen?"

„Bob, was verstehst du unter Abenddämmerung?", will der Lehrer wissen. Bob überlegt kurz und sagt dann: „Wenn es mir abends dämmert, das ich meine Hausaufgaben nicht gemacht habe!"

In der Geschichtsstunde sagt der Lehrer zu Peter:
„Deine Gehirnzellen arbeiten wohl nicht mehr mit?“
Antwortet Peter träge: „Nein, sie haben Muskelkater!“

Im Biologieunterricht lernen die Kinder etwas über die Körpertemperatur. Lehrerin: „Der Mensch hat eine Körpertemperatur von 36,5, das Wild 38,5 und ein Vogel 41 Grad. – Peter, hast du etwa nicht aufgepasst? Erklär mir das doch bitte noch mal!“
Antwortet Peter: „Also, ein Mensch hat 36,5 Grad Körpertemperatur, wenn er wild ist, 38,5 und wenn er einen Vogel hat, dann 41 Grad!“

Im Biologieunterricht fragt der Lehrer:
„Wozu gehört eigentlich der Wal?“
Daraufhin meldet sich Justus: „Zu den Säugetieren!“
„Richtig, Justus. Und wozu gehört der Hering?“
„Natürlich zu den Pellkartoffeln!“

Fragt der Erdkundelehrer Justus: „Was kannst du mir über das Tote Meer erzählen?“ Antwortet Justus: „Nichts, ich wusste ja nicht einmal, dass es krank war.“

Als Justus an seinem ersten Schultag eine große Zuckertüte geschenkt bekommt, schaut er nur kurz hinein: „Und dafür muss ich nun zwölf Jahre zur Schule gehen?“

„Weiß jemand, wann Rom erbaut wurde?“, fragt der Geschichtslehrer. Justus meldet sich: „In der Nacht.“ Da wundert sich der Lehrer: „Wie kommst du denn darauf?“ Meint Justus: „Mein Onkel sagt immer: Rom wurde nicht an einem Tag erbaut.“

Im Unterricht: „Ich bade, du badest, er, sie, es badet. Was ist das für eine Zeit?" Meldet sich Peter: „Samstagabend."

Im Religionsunterricht: „Wer weiß, wie lange Adam und Eva im Paradies geblieben sind?" „Bis zum Herbst", sagt Justus. „Wie kommst du denn darauf?", fragt der Lehrer verwundert. „Weil im Herbst die Äpfel reif werden."

„Und, was habt ihr in den Ferien erlebt?", fragt der Lehrer. „Fast gar nichts", ruft Bob. „Das reicht auf keinen Fall für einen Aufsatz!"

Im Musikunterricht fragt die Lehrerin: „Weiß jemand von euch, was ein wichtiges Streichinstrument ist?“ Da meldet sich Peter: „Der Pinsel.“

„Gehen Sie bitte endlich den Rasen sprengen“, herrscht der Schuldirektor den Pförtner an. „Aber Herr Direktor“, wendet der Pförtner verwundert ein. „Es regnet doch!“ „Dann ziehen Sie eben einen Regenmantel an.“

Lehrer: „Meine Schüler gehorchen mir aufs Wort.“
Anderer Lehrer: „Das habe ich bis heute noch nicht geschafft. Wie machst du das bloß?“
Lehrer: „Ganz einfach! Wenn ich morgens reinkomme, sage ich: ‚Macht doch, was ihr wollt.‘ Und genau das machen sie dann.“

Der Lehrer erklärt: „Wörter, die mit der Silbe ‚un-‘ anfangen, bedeuten meist etwas Schlechtes. Kennt ihr ein Beispiel?“
„Unsinn“, sagt Bob.
„Unwetter“, ruft Peter.
„Unterricht“, seufzt Justus.

Justus ist gerade im Begriff, sein Pausenbrot wegzuwerfen, als ihn sein Biolehrer anspricht: „Du weißt doch, wenn du aufisst, scheint morgen die Sonne!“
Justus lässt das Pausenbrot in den Mülleimer fallen: „Ganz genau, und das ist mein Beitrag zur Vermeidung der Klimaerwärmung.“

Neulich im Lehrerzimmer:
„Ist das nicht verrückt?
Sie heißen Klein und
sind ganz groß."
„So verrückt ist das doch
gar nicht. Sie heißen Weber
und sind ein Spinner."

Die Lehrerin schimpft mit Peter: „Also wirklich, Peter. Als ich halb so alt wie du war, konnte ich schon viel besser schreiben!"
Darauf Justus verständnisvoll: „Da hatten Sie wohl eine gute Lehrerin ..."

Peter hat im Diktat das Wort ‚Löwe‘ klein geschrieben. „Ich habe dir doch schon so oft gesagt, dass man alles groß schreibt, was man anfassen kann“, sagt die Lehrerin. „Glauben Sie etwa, dass ich einen Löwen anfasse?“

Sagt der Lehrer:
„Die Sonne ist ungefähr 100 Millionen Kilometer von der Erde entfernt!“
Meint Bob: „Dann ist es aber toll, dass sie jeden Morgen so früh schon bei uns ist!“

Der Geschichtslehrer fragt die Schüler: „Ja, und wofür bewundern wir die alten Römer heute noch?“ Peter vermutet: „Dass sie alle Latein konnten?“

Der Geschichtslehrer schwärmt: „Die Geschichte hat uns viele große Männer und Frauen geschenkt!“
Wütend ruft Bob, der kleinste der drei ???: „Was hat das denn jetzt schon wieder mit der Größe zu tun?“

Nach einer Leichtathletikstunde ruft der Sportlehrer ein letztes Mal: „Alle Speere zu mir, bit...“

Ein Lehrer steht mit seiner 3. Klasse am Bahnsteig und lässt einen Zug nach dem anderen durchfahren. „Den nächsten nehmen wir – auch wenn wieder nur 1. und 2. Klasse draufsteht."

Der Lehrer stellt die Aufgabe, einen Satz mit ‚liberal' zu bilden.
Nach kurzem Überlegen meldet sich Justus: „Ich esse lieber Aal als Hering."

„Was muss der Mensch tun, damit er in den Himmel kommt?", fragt der Religionslehrer. Bob's Hand schießt nach oben: „Erst mal sterben!"

Der Lehrer hält ein Blatt Papier hoch und zerreißt es dann in vier Teile: „So, nun habe ich vier Viertel; und wenn ich es in acht gleich große Stücke zerreiße, habe ich acht Achtel, und was habe ich, wenn ich es in tausend Teile zerreiße?“ Justus ruft: „Eine Menge Geduld und dann prima Konfetti!“

In der Geschichtsstunde: „Nun Bob, von wem wurde Cäsar denn nun ermordet?“ Bob plustert sich auf: „Ich bin ja vieles, aber keine Petze!“

Schulsekretärin: „Wir haben einfach keinen Platz in den Büros. Sollen wir nicht die uralten Zeugnisse und Akten vernichten? Da sind ja noch Unterlagen von 1910 dabei."
Direktor: „Gute Idee, aber machen Sie vorher von allem eine Kopie."

Gespräch zwischen zwei Lehrern:
„Unser neuer Schüler Peter scheint sehr fleißig zu sein."
„Ja, das ist seine Stärke." „Der Fleiß?"
„Nein, der Schein."

Grammatikunterricht: „‚Peter macht gerne seine Hausaufgaben', welcher Fall ist das?" Peter muss kichern: „Ein sehr seltener!"

Peter kommt zu spät zur Schule.
Fragt der Lehrer:
„Warum hast du dich
denn verspätet?"
„Meine Mutter hat mir gesagt:
‚Zum Lernen ist es nie zu spät!'"

„Wie heißen denn die ganz kleinen Wellen am Meer?"
Peter hat eine Vermutung:
„Wahrscheinlich Mikrowellen!"

Der Lehrer will von seinen Schülern wissen, wie man wohl am besten durch die Wüste Sahara kommt. Da muss Bob gar nicht nachdenken: „Natürlich als Kamel!"

Peter fragt Justus und Bob: „Wollen wir uns heute Nachmittag treffen?“
Die beiden antworten: „Ja! Kannst du um 14 Uhr bei Giovanni´s Eiscafé sein?“
Peter: „In Ordnung! Und wann kommt ihr?“

Im Unterricht sitzt der Lehrer am Pult und vergräbt sein Gesicht in den Händen: „Ich weißnicht, was ich euch noch beibringen kann. Ich bin wirklich mit meinem Latein am Ende.“
Peter antwortet tröstend: „Aber das macht doch nichts. Sie sind ja Mathelehrer.“

In der großen Pause streiten sich Skinny Norris und Justus. „Wehe, du sagst noch einmal, dass ich eine große Klappe hätte.“ „Hab ich nie gemacht. Ich habe nur gesagt, du könntest Spargel quer essen.“

Die Lehrerin tröstet Bob, der eine schlechte Note geschrieben hat. „Beim nächsten Mal lernst du fleißig und dann klappt das. Wenn man will, kann man alles schaffen!" Peter meldet sich verwundert. „Haben Sie schon mal versucht, ein rohes Ei an die Wand zu nageln?"

Vor dem Tag des offenen Unterrichts gibt die Lehrerin den Schülern letzte Anweisungen: „Wenn morgen eure Eltern mit im Unterricht sind, dann machen wir das so: Alle, die was wissen, heben die rechte Hand; und die nichts wissen, die linke. Dann können sich alle Eltern freuen, dass ihr euch so brav meldet."

Auf dem Schulhof fragt Kommissar Reynolds streng: „Justus, hast du das Fahrrad vor der Schule gestohlen?" Darauf sagt Justus: „Nein, durchsuchen Sie mich doch."

Der Musiklehrer fragt Justus:
„Was ist dein Lieblingsinstrument?"
Justus antwortet: „Die Pausenglocke."

Peter kommt zu spät zur Schule.
Auf der Treppe trifft er die Direktorin.
„Zehn Minuten zu spät", sagt diese ernst.
Peter nickt und meint: „Ich auch!"

Die neue Lehrerin stellt sich der Klasse vor. Noch etwas schüchtern erklärt sie: „Guten Morgen, mein Name ist Lang." Bob lächelt sie aufmunternd an. „Macht gar nichts. Wir haben hier immer massig Zeit."

Ein genervter Schüler stellt auf dem Pausenhof seine Lehrerin zur Rede: „Ich finde auch nicht alles gut, was Sie machen. Aber renne ich deshalb gleich zu Ihren Eltern?"

Auf dem Schulhof zeigt Bob auf den Bauch der schwangeren Lehrerin: „Was ist das?"
Lehrerin: „Das ist mein süßes Baby."
Bob: „Haben Sie es denn lieb?"
Lehrerin: „Ja, sehr sogar."
Bob: „Aha, und warum haben Sie es dann aufgegessen?"

Der Lehrer fragt: „Wer kann mir sagen, was ein Witwer ist?"
Bob meldet sich: „Ich weiß es: der Mann einer Witwe."

„Wie kommst du denn darauf, dass Bienen zu den Säugetieren gehören, Bob?", fragt der Lehrer, während er die Biologiearbeiten zurückgibt.
„Na, die saugen doch den Nektar aus den Blüten."

Im Biologieunterricht fragt Peter: „Herr Lehrer! Haben Schlangen eigentlich einen Schwanz?"
Der Lehrer antwortet: „Selbstverständlich. Das ist doch das Einzige, was sie haben."

Diskussion in der letzten Reihe: „Mensch, der Lehrer kann sich aber auch nicht entscheiden; gestern hat er uns noch erzählt, 7 plus 7 wäre 14. Heute ist es plötzlich 6 plus 8!"

Die Deutschlehrerin fragt Justus: „Und wie lautet die Zukunftsform von ‚Ich stehle?'"
Justus antwortet: „Ich gehe ins Gefängnis?"

Vor der Schule prangt ein neues Schild: „Autofahrer bitte auf Schulkinder achten!" Am nächsten Tag sieht man darunter geschrieben: „Warten Sie bitte, bis ein Lehrer kommt."

„Warum hast du gestern im Unterricht gefehlt?", will der Lehrer von Bob wissen. „Weiß ich nicht", erklärte Bob, „aber hier ist die Entschuldigung. Ich habe sie nur noch nicht gelesen."

Während der Verkehrsübungsstunde rast Justus wie wild über den Schulhof. „Halt!", ruft ihm der Lehrer hinterher.
„Du hast kein Licht und keine Klingel!"
Da ruft Justus ihm zu:
„Aus dem Weg! Ich hab auch keine Bremse."

Im Biounterricht: „Wer weiß denn, warum Hühner Eier legen?"
„Ist doch klar", ruft Peter. „Das gäbe ja eine Riesensauerei, wenn sie die werfen würden!"

Die Mathelehrerin hat eine Ankündigung zu machen: „Ab heute rechnen wir mit Taschenrechnern!" Die ganze Klasse bricht in Jubel aus. „Also gut, Peter, dann fang mal an: Was sind 1836 Taschenrechner geteilt durch 74 Schüler?"

„Peter, was haben wir letzte Stunde gemacht?"
„Wer? Sie oder ich?"

Peter wird im Unterricht gefragt, warum man bei einem Gewitter den Blitz vor dem Donner wahrnimmt. Zögernd antwortet er: „Vielleicht weil die Augen weiter vorne am Kopf sind als die Ohren?“

„Herr Lehrer, ich kann männliche und weibliche Fliegen unterscheiden!“
„Aber Bob, das ist doch Quatsch!“
„Ach ja, und warum setzen sich die einen dann immer aufs Bierglas und die anderen auf die Schokolade?“

Auf einem Bild sieht man Maria und Josef auf einem Esel reiten. „Nun“, fragt der Religionslehrer, „warum sieht man denn hier das Jesuskind nicht?“
Justus meldet sich: „Ist doch wieder typisch; die Eltern machen so was Cooles wie Eselreiten und der Sohn schwitzt in der Schule.“

Fragt der Lehrer: „Was müsst ihr machen, wenn ihr eine Schlange seht?"
Antwortet Justus: „Uns brav hinten anstellen?"

Bob gibt einen überraschend guten Aufsatz ab.
„Nun, Bob, aber die Handschrift passt eher zu deinem Vater als dir."
„Natürlich, ich hab ja auch schließlich mit seinem Kuli geschrieben."

Der Englischlehrer fragt seine Schüler: „Was heißt Bürgermeister auf Englisch?"
Von hinten ruft einer: „Burger King!"

Peter findet zwanzig Dollar, gibt sie seinem Mathelehrer und fragt: „Gibt's dafür nicht zehn Prozent Finderlohn?" Darauf der Lehrer: „Sei nicht so gierig, hier hast du fünf Dollar und nun gib Ruhe!"

Lehrer: „Bob, wie ist denn deine neue Brille, kurz- oder weitsichtig?"
Bob: „Weder noch. Sie ist durchsichtig."

Bob kommt zu spät in die Schule.
Fragt der Lehrer: „Wieso bist du zu spät?"
Darauf Bob: „Ich habe verschlafen."
Der Lehrer verwundert: „Was? Zuhause schläfst du auch?"

Die Lehrerin fragt: „Wer kann mir denn etwas über Esel erzählen?“
Da antwortet Justus: „Das sind Pferde, die zu oft in der Schule geschwänzt haben!“

Der Geografielehrer ist ein begeisterter Weintrinker. Er schwärmt: „An den Hängen des Vesuv wachsen die besten Trauben ...“
Da hört man eine Stimme aus der letzten Reihe: „Für Glühwein?“

„Bob, nenn mir bitte alle Zeitformen von essen“, bittet die Deutschlehrerin. Bob leiert gelangweilt: „Ich esse, ich aß, ich habe gegessen, ich werde dick werden.“

Der Lehrer fragt: „Justus, wenn dir deine Tante zwei Scheiben Brot in die Schule mitgibt und du eine davon isst, was hast du dann noch?"
„Dann habe ich immer noch Hunger."

Während des Erdkundeunterrichts möchte der Lehrer von Bob wissen , warum die Erdachse schief ist. Der verteidigt sich: „Ich versichere Ihnen, dass sie schon schief war, bevor mir der Globus vorher die Treppe runtergefallen ist!"

Justus erscheint mal wieder zu spät zum Unterricht. Sehr besorgt wendet sich die Lehrerin ihm zu: „Justus, wie willst du denn was lernen, wenn du immer zu spät kommst?" Justus schaut sie verwundert an: „Aber Sie sagen doch immer: Zum Lernen ist es nie zu spät!"

Bob kommt ganz verheult in die Schule „Was ist denn mit dir los?", fragt die Lehrerin.
„Ich hatte einen schlimmen Traum", sagt dieser.
„Wovon hast du denn geträumt?"
„Von Ihnen!"

Im Chemieunterricht herrscht absolutes Kaugummiverbot. Wütend spricht der Lehrer Bob an, der munter ein Kaugummi kaut: „Raus mit dem Kaugummi und ab in den Müll!"
„Entschuldigung, das geht nicht. Der ist nur geliehen."

Bob fragt Peter aufgebracht: „Wusstest du eigentlich, dass Lehrer Geld bekommen?" Peter bleibt wie angewurzelt stehen: „Was, und wir machen die ganze Arbeit?"

Voller Begeisterung erklärt die Deutschlehrerin: „Der Schimmelreiter ist eines der großen Werke der deutschen Literatur ... ja bitte, Peter, was wolltest du sagen?" „Ach, ich hab mich nur gefragt, wenn der Schimmel sich in Papa Schlumpf verliebt hätte, ob es dann der Blauschimmel-Reiter wäre..."

„Wer kann mir denn eine wichtige Errungenschaft nennen, die unser aller Leben bereichert, und die es vor 15 Jahren noch nicht gab?"
Justus hebt die Hand.
„Justus!"
„Ganz genau!"

Vor der Schule fragt Kommissar Reynolds Peter: „Warum lässt du denn die Luft aus den Fahrradreifen raus?" Da sagt Peter: „Ist doch klar, der Sattel ist zu hoch."

„Bob, hör auf zu träumen und sag mir lieber, was es neben Millimeter, Zentimeter und Kilometer noch gibt!", schimpft der Lehrer. Bob, leicht verwirrt: „Es gibt noch den Elfmeter."

Im Physikunterricht: „Nun, welches Rad am Auto dreht sich denn bei einer Rechtskurve am wenigsten?" Da tönt es aus der letzten Reihe: „Das Reserverad!"

„Justus“, erkundigte sich der Lehrer, „bist du krank? Du siehst heute so blass aus.“
„Nein, Herr Lehrer“, erklärt Justus, „heute hat mich bloß meine Tante Mathilda gewaschen und sonst mache ich das immer selber.“

Peter kommt aus der Schule und schwärmt von seiner neuen Lehrerin: „Sie ist wirklich nett, sehr schön und besonders fromm!“
„Wieso fromm?“, fragt Mr Shaw erstaunt.
„Immer, wenn sie mich etwas fragt und ich ihr dann antworte, sagt sie: ‚Oh mein Gott‘!“

Lehrerin: „Wer kann einen Satz mit Weihnachtsfest bilden?“
Bob: „Der Elch hält sein Geweih nachts fest.“

Bobs
lustigste Elternwitze

Peter kommt nach der Schule ganz aufgeregt nach Hause und berichtet seiner Mutter, dass ihn ein kleiner Floh gebissen hat.
Die Mutter lacht: „Keine Sorge, Peter, das war mit Sicherheit ein Irrtum."
Am nächsten Morgen im Stuhlkreis: „Und gestern, da hat mich ein kleiner Irrtum gebissen!"

Durch Zufall hat Mrs. Shaw erfahren, dass ihr Sohn eine Woche zuvor nachsitzen musste. Sie schimpft: „Und da lügst du mich an und erzählst mir, dass du dich mit Bob getroffen hast!“
Peter verteidigt sich: „Ich hab dich nicht belogen. Bob war ja auch da!“

Skinnys besorgter Vater in der Elternsprechstunde: „Gibt es denn keine Möglichkeit mehr, dass mein Sohn doch versetzt wird?“
Der Lehrer schüttelt den Kopf. „Mit dem, was Ihr Sohn nicht weiß, könnten noch drei andere Schüler sitzen bleiben.“

Onkel Titus fragt Justus nach dem ersten Schultag: „Und, habt ihr schon etwas gelernt?“
„Ja, aber anscheinend noch nicht genug. Morgen muss ich schon wieder hin.“

Mrs Andrews packt Bob den Schulranzen und ermahnt ihn: „Bevor du in die Schule gehst, solltest du dir vielleicht noch die Hände waschen, mein Kleiner!"
„Das ist nicht nötig. Ich melde mich sowieso nicht!"

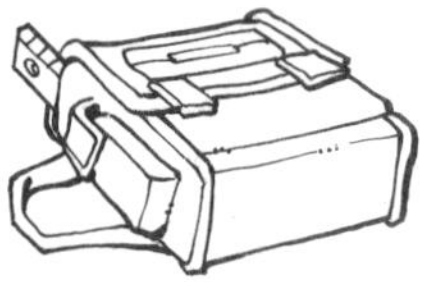

Am Abend fragt der Vater seinen Sohn: „Na, was habt ihr heute im Chemieunterricht gelernt?"
„Das war total spannend", erzählt der Bob, „wir haben gelernt, wie man Sprengstoff herstellt!"
„Und was lernt ihr morgen?"
„Wo sollen wir denn morgen noch lernen?"

„Und schon wieder habe ich im Lotto keine einzige Zahl richtig getippt.", ärgert sich Mister Shaw. „Mach dir nichts draus", tröstet ihn Peter, „mir ging's gestern in der Mathearbeit genaus

Mister Andrews: „Nun, Bob, was hat der Lehrer zu den Rechenaufgaben gesagt, die ich gestern für dich gemacht habe?"
„Er hat gleich gemerkt, dass du mir geholfen hast", antwortet Bob. „Er meinte, so viele Fehler könne ich unmöglich allein gemacht haben!"

Bob kommt aus der Schule: „Mutti, der Lehrer wollte heute wissen, ob ich noch Geschwister habe."
„Du hast ihm doch gesagt, dass du Einzelkind bist?"
„Selbstverständlich."
„Und was hat der Lehrer dazu gesagt?"
„Gott sei Dank!"

Als Peter nach Hause kommt, erwartet ihn sein Vater schon verärgert: „Deine Lehrerin hat angerufen und sich schon wieder über dich beschwert!" Peter erwidert: „Das kann nicht sein. Heute bin ich doch gar nicht dort gewesen."

Zu Hause fragt Mister Shaw: „Und was macht die Schule, Peter?“
„Alles super!“
„Und wie läuft es mit deinem Lehrer?“
„Auch super. Der ist übrigens unheimlich neidisch auf dich.“
„Warum das denn?“
„Jeden Tag sagt er zu mir: ‚Junge, Junge, dein Vater möchte ich sein!‘“

Peter kommt nach Hause und jubelt: „Papa, wir haben hitzefrei!“
„Lüg doch nicht, Peter“, schimpft der Vater. „Es ist Winter und bitterkalt.“
„O doch!“, gibt Peter strahlend bekannt. „Die Schule brennt.“

Mister Andrews erkundigt sich beim Lehrer nach seinem Sohn Bob.
„Er macht oft einen recht verschlafenen Eindruck.“, gibt der Lehrer Auskunft.
Darauf Mister Andrews stolz: „Das sind sicher die Talente, die noch in ihm schlummern und erst geweckt werden müssen.“

Justus kommt aus der Schule nach Hause: „Onkel Titus“, verkündet er, „nächste Woche bekommen wir alle eine Enzyklopädie.“ „Ach, du meine Güte!“, seufzte Titus. „Dann lassen wir dich am besten gleich dagegen impfen.“

„Und, wie viele Rechenaufgaben hatte eure Klassenarbeit?“, fragt Onkel Titus Justus.
„15. Und ich hatte nur eine falsch!“, antwortete Justus.
„Das ist ja toll!“, lobt ihn Titus.
„Und was ist mit den anderen Aufgaben?“
„Dafür hat die Zeit leider nicht mehr gereicht.“

Bob kommt von der Schule: „Ich habe eine gute und eine schlechte Nachricht."
„Erst die schlechte", antwortet seine Mutter.
„Ich habe eine Sechs in Mathe geschrieben"
„Und was ist die gute?", fragt die Mama.
„Der Lehrer hat noch vier Fehler übersehen."

„Nein, nein, du musst in die Schule!"
„Die Schüler mögen mich nicht, die Lehrer hassen mich, der Hausmeister kann mich nicht leiden und der Busfahrer findet mich doof."
„Keine weiteren Ausreden – du bist der Direktor und musst in die Schule!"

Justus kommt jammernd zu seiner Tante: „Tante Mathilda, ich habe Magenschmerzen."
„Das kommt davon, weil du nichts im Magen hast."
„... jetzt weiß ich, warum der Lehrer immer Kopfschmerzen hat."

Fragt Peter: „Papa, hast du Angst vor einem großen Hund?“
„Natürlich nicht.“
„Auch nicht vor einem wilden Löwen?“
„Nicht im Geringsten!“
„Aha, dann also nur vor der Mama?!“

„Fragt ein Hasenbaby seine Mutter: „Wie werden eigentlich Menschenbabys geboren?“ Sagt die Hasenmutter: „Der Storch hat sie gebracht.“ „Und wie wurden wir geboren?“ „Der Zauberer hat uns aus dem Hut gezogen.“

Justus steht mit Tante Mathilda vor einer Weide. „Ein schönes Pferd!“, sagt Tante Mathilda. „Was meinst du, was es sagen würde, wenn es sprechen könnte?“ „Ich bin ein Esel!“

Fragt eine kleine Schlange ihre Mutter: „Mama, sind wir giftig?" „Nein, wieso?" „Puh! Ich hab mir gerade auf die Zunge gebissen."

Justus kommt von der Schule auf den Schrottplatz zurück. „Tante Mathilda", sagt er, „ich war heute der Einzige, der unserem Lehrer eine Frage beantworten konnte."
„Was hat er denn gefragt?"
„Wer hat gepupst?"

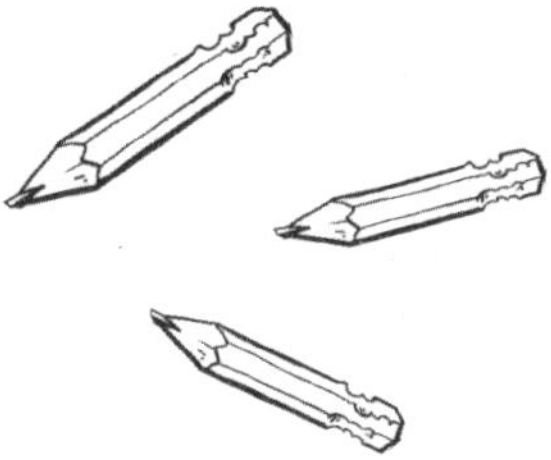

Peter brütet über seinen Hausaufgaben. „Du, Papa“, fragte er verzweifelt, „was ist denn dieser kleinste gemeinsame Nenner?“ Mr Shaw antwortet: „Das weiß ich auch nicht, Peter. Den haben sie schon gesucht, als ich noch zur Schule gegangen bin.“

Der Vater kommt nach dem Elternsprechtag nach Hause. „Peter, dein Lehrer hat mir gesagt, dass du der Schwächste in der ganzen Klasse bist!“ Doch Peter zeigt sich völlig unbeeindruckt: „So ein Quatsch. Schließlich bin ich doch immer derjenige, der ihm den schweren Bücherstapel tragen muss!“

Sagt Bud Norris zu seinem Sohn: „Skinny, dein Lehrer macht sich große Sorgen wegen deiner schlechten Noten!" „Ach, Papa, was gehen uns denn die Sorgen anderer Leute an?"

Fragt das Eisbärbaby seine Mutter:
„Mama, bist du sicher, dass unsere Ahnen alle Eisbären waren?"
„Ja, natürlich."
„Dein Papa?"
„Ja."
„Und dessen Papa?"
„Ja, der auch."
„Na ja, das hilft mir auch nicht. Ich friere trotzdem."

Frau Andrews will ihrer Nachbarin zeigen, wie toll ihr Sohn schon rechnen kann.
„Bob, was ist 3 mal 4?“
Bob antwortet wie aus der Pistole: „Zehn.“
Meint seine Mutter: „Sehen Sie, er hat sich nur um eins verrechnet!“

Beim Elternabend sagt die Lehrerin: „Ihr Sohn macht immer dieselben Fehler beim Diktat!“
Darauf antwortet Mrs Andrews ganz stolz: „Das gute Gedächtnis hat er ja von mir!“

Der besorgte Schneckenvater warnt seinen Sohn: „Das du mir ja nicht über die Straße rennst. In zwei Stunden kommt der Bus!"

Mottenmutter zum Sohn: „Wenn du den alten Strumpf nicht isst, bekommst du kein einziges Stück Pelzmantel zum Nachtisch!“

Mutter Fliege geht mit ihren Kleinsten über eine Glatze. „Wie die Zeit vergeht. Als ich in deinem Alter war, war hier nur ein schmaler Fußweg!“

Die Heringsmutter mahnt ihren Sohn: „Schwimm immer nur schön gerade, sonst wirst du ein Rollmops!"

Geht eine schwangere Stute bei strömendem Regen zum Tierarzt. Der Arzt zur Stute: „Das Fohlen ist unterwegs!" Erschrickt die Stute: „Was, bei dem Wetter?"

Familie Hering schwimmt durch das Meer, als sie einem U-Boot begegnen. Klein Hering versteckt sich ängstlich hinter seiner Mutter, doch diese beruhigt ihn: „Keine Angst mein Schatz. Das sind nur Menschen in Dosen!"

Kommt ein Glühwürmchenkind weinend nach Hause. „Aber warum weinst du denn, mein Kind?“, fragt die Glühwürmchen Mutter besorgt. „Ach Mami, meine Mathematiklehrerin hat heute gesagt, dass ich nie eine große Leuchte werde!“

Eine Kängurumutter kratzt sich nach Leibeskräften. Schließlich schimpft sie ihr Baby: „Wie oft hab ich dir schon gesagt, dass du keinen Zwieback im Bett essen sollst!"

Ein Dinobaby: „Mama, komme ich eigentlich in den Himmel oder in die Hölle?"
„Aber nein, mein Schatz, du kommst ins Museum!"

Bud Norris nach der Zeugnisvergabe zu seinem Sohn: „Und nun werde ich dir erzählen, was für ein guter Schüler ich war!"
Skinny: „Toll, Märchen höre ich gern, Papa."

Der Lehrer fragt im Unterricht: „Was ist dein Vater?"
Peter antwortet: „Er ist erkältet." Darauf erwidert der Lehrer: „Nein, ich wollte wissen, was er tut."
Peter: „Er liegt im Bett!"

Das Kamelkind fragt den Kamelvater: „Du Papi, warum haben wir eigentlich zwei Höcker auf dem Rücken?"
Darauf der Kamelvater: „Damit speichern wir Nahrung, wenn wir durch die Wüste ziehen."
Kamelkind: „Und warum haben wir so lange Wimpern?"
Kamelvater: „Damit uns der Wind nicht den Sand in die Augen bläst, wenn wir durch die Wüste ziehen."
Kamelkind: „Und warum haben wir Hufe anstelle von Füßen?"
Kamelvater: „Damit wir nicht im Sand einsinken, wenn wir durch die Wüste ziehen."
Kamelkind: „Und was machen wir dann im Zoo?"

„Und?“, fragt die Mutter Peter. „Wie war die Prüfung?“
„Der Lehrer, der mich geprüft hat, war ein sehr religiöser Mensch“, antwortet Peter.
„Wieso?“
„Bei jeder Antwort, die ich ihm gegeben habe, hat er gesagt: ‚O Gott, o Gott, o Gott!‘“

„Mama, muss ich heute in die Schule? Ich fühle mich gar nicht wohl.“
Fragt Mrs Shaw besorgt: „Wo denn, mein Liebling?“
Meint Peter: „Na in der Schule!“

Justus kommt nach Hause. „Stell dir vor, Tante Mathilda, ich gehe jetzt nicht mehr in die Koch-AG.“
„Aber warum denn nicht? Du hast es doch am Anfang so toll gefunden, in der Schule kochen zu lernen.“
„Na ja, mir ist heute was verbrannt“, sagt Justus etwas bedrückt.
„Was denn?“, will seine Tante wissen.
„Leider die ganze Schulküche!“

Mr Andrews: „Das schönste Geburtstagsgeschenk für mich wäre, wenn du endlich ein guter Schüler würdest.“
Meint Bob: „Zu spät. Ich habe dir dein Geburtstagsgeschenk schon gekauft.“

„Bob, bei diesen Hausaufgaben hat dir doch der Papa geholfen, und lüg mich jetzt bloß nicht wieder an!“, wettert der Mathelehrer.
„Ich hab Sie nicht angelogen“, schreit Bob zurück. „Es war meine Mama, und außerdem hat sie sie ganz alleine gemacht!“

„Stell dir vor, Tante Mathilda“, erzählt Justus beim Mittagessen, „die Lehrerin hat mich heute vor der ganzen Klasse gelobt.“
„So, was hat sie denn gesagt?“, fragt Tante Mathilda.
Da meint Justus ganz stolz: „Ihr seid alle Versager, aber Justus ist der größte!“

Peter: „Mama, morgen haben wir schulfrei."
Die Mutter: „Hat das der Lehrer gesagt?"
Peter: „Ja"
Die Mutter: „Was sagte er denn genau?"
Peter: „Er sagte nur: ‚Schluss für heute, morgen fahre ich fort.'"

Peter kommt zerknirscht von der Schule nach Hause. Dort beichtet er: „Mama, ab sofort bin ich vom Hauswirtschaftsunterricht ausgeschlossen, weil ich etwas hab anbrennen lassen."
Mrs. Shaw ist ganz erschrocken: „Aber das ist doch kein Grund. Ich rufe sofort in der Schule an."
Peter schüttelt traurig mit dem Kopf: „Da wirst du wohl keinen erreichen. Die sind wahrscheinlich immer noch mit den Löscharbeiten beschäftigt."

Bob kommt nach der Schule nach Hause und erzählt: „Mama, jetzt kann ich schon Danke auf Englisch sagen!“ „Das ist ja prima, jetzt musst du es nur noch auf Deutsch lernen.“

„Übrigens: Euer Freund Peter hat die Windpocken und kann morgen nicht mit euch zur Schule gehen“, berichtet Tante Mathilda. „Oh, prima“, freuen sich Justus und Bob, „dürfen wir ihn gleich besuchen?“

Bei Peter klingelt abends das Telefon. Mit dem Hörer in der Hand ruft er seinen Vater: „Du, Papa, der Vater von Bob will wissen, wann du mit meinen Hausaufgaben fertig bist; er hat ein Problem bei Nummer vier.“

Bobs Mutter sitzt bei dem Mathelehrer in der Sprechstunde. „Bitte achten Sie ein bisschen mehr auf die Art der Aufgaben, die Sie den Kindern mit nach Hause geben. Gestern hieß es, dass eine Kiste Bier fünf Dollar kostet und da konnte mein Mann die ganze Nacht vor Aufregung kein Auge mehr zu machen."

Mrs. Andrews telefoniert. Nachdem sie aufgelegt hat, sagt sie: „Bob, Peter kann den Rest der Woche nicht in die Schule kommen, denn er hat die Windpocken. Die sind wahnsinnig ansteckend und … wieso ziehst du deine Schuhe an?
Ruft Bob, schon halb aus der Tür: „Keine Zeit, ich muss ganz schnell Peter besuchen. Wir schreiben morgen eine Mathearbeit."

Tante Mathilda fragt Justus nach dem ersten Schultag: „Na, hast du denn schon etwas gelernt?"
Justus antwortet: „Ja. Ich habe gelernt, dass alle anderen viel mehr Taschengeld bekommen als ich!"

Als Peter nach Hause kommt, erwartet ihn sein Vater schon verärgert: „Deine Lehrerin hat angerufen und sich schon wieder über dich beschwert!“
Peter erwidert: „Das kann nicht sein. Heute bin ich doch gar nicht dort gewesen.“

„Stell dir vor, Onkel Justus, gestern hat unser Lehrer den Paul nach Hause geschickt, weil er sich nicht gewaschen hat.“
„Und, hat es geholfen?“, will dieser wissen.
„Und wie! Heute hatten sich sechs Jungen und drei Mädchen nicht gewaschen.“

Justus grübelt über seinem Aufsatz, aber die richtigen Worte wollen ihm einfach nicht einfallen: „Onkel Titus, wie nennt man nochmal einen Mann, der nicht verheiratet ist?“ „Ledig.“ „Und einen, der verheiratet ist?“ Ein kurzer Blick in Richtung Tante Mathilda: „Erledigt.“

Bob kommt nach der Schule nach Hause und fällt seiner Mutter um den Hals. „Danke, dass ich dein erstes und nicht dein fünftes Kind bin!"
„Wieso denn das?"
„Ich hab heute in der Schule gelernt, dass jedes fünfte Kind ein Chinese ist, und dann würdest du mich ja gar nicht mehr verstehen!"

Justus fragt Onkel Titus: „Bist du als Kind eigentlich immer brav in die Schule gegangen?"
„Aber natürlich, Justus. Ich habe keinen einzigen Tag ausgelassen."
„Siehst du, Tante Mathilda, es hat auch nichts genützt!"

„Geht ihr denn schon in die Schule?“, fragt Mr Porter die drei ???.
„Na klar“, erwiderte Peter stolz.
„Soso“, fragt der Nachbar weiter, „und was macht ihr so in der Schule?“
„Wir warten, bis sie aus ist.“

Justus kommt von der Schule auf den Schrottplatz zurück.
„Tante Mathilda“, sagt er, „ich war heute der Einzige, der unserem Lehrer eine Frage beantworten konnte.“
„Was hat er denn gefragt?“
„Wer hat die Scheibe eingeschlagen?“

Nach einer Aufführung der Theater-AG in der Schule.
Mister Shaw: „Na, wie ist es gelaufen?“
Peter: „Es war ein Riesenerfolg. Die Leute haben sich gebogen vor Lachen.“
Mister Shaw: „Und was habt ihr gespielt?“
Peter: „Ein sehr trauriges Stück.“

Ein Klavierkonzert in der Aula
Bobs Mutter flüstert: „Ist das Mozart?“ – „Ne, Mama, das ist doch Peter!“

Die Frau des Schulleiters beschwert sich:
„Unser Nachbar gibt seiner Frau immer ein Küsschen, bevor er fährt. Warum tust du das nicht auch?“
„Ich kenne die Frau doch gar nicht …“

„Nein, nein, du musst in die Schule!“
„Die Schüler mögen mich nicht, die Lehrer hassen mich, der Hausmeister kann mich nicht leiden und der Busfahrer findet mich doof.“
„Keine weiteren Ausreden – du bist der Direktor und musst in die Schule!“

Bob darf unter der Woche bei Justus übernachten. Schon früh am Morgen liegen beide wach auf ihren Matratzen und lesen Comics. Bob schaut auf den Wecker: „Du, Justus, wenn deine Tante uns jetzt nicht bald weckt, kommen wir noch zu spät zur Schule.“

Es geht um Strom. „Nun genauer: Wo wird denn der Strom produziert?“ Skinny weiß die Antwort: „Im Urwald.“ Der Lehrer ist erstaunt: „Wie kommst du denn darauf?“ – „Als letztens Stromausfall war, hat mein Papa gesagt: ‚Jetzt haben die Affen schon wieder den Strom abgestellt!‘“

Skinny hat mal wieder seine Hausaufgaben nicht gemacht. Wütend droht der Lehrer: „So Skinny, da red‘ ich jetzt aber wirklich mal mit deinem Vater!“ Skinny winkt ab: „Das hab‘ ich schon, aber der will sie auch nicht machen!“

Justus kratzt sich am Kopf. Da sagt Tante Matilda peinlich berührt zu Onkel Titus: „In der Schule haben sie jetzt alle Läuse." Onkel Titus antwortet: „Ist doch schön, wenn Kinder mit Tieren groß werden!"

Fragt Mrs Andrews ihren Sohn:
„Weißt du, wo unser Papagei ist?"
Bob antwortet: „Nein,
aber frag doch mal die Katze.
Die spricht seit gestern."

Die Kängurueltern hüpfen durch die Wüste. Nach einer Weile fragt der Kängurupapa: „Sag mal, wo ist eigentlich unser Kleines?" Die Kängurumutter schaut im Beutel nach und ruft erschrocken: „Wir müssen den ganzen Weg zurück, ich habe ein Loch im Beutel!"

Skinny erzählt stolz zu Hause: „Mama, heute habe ich mich im Biologieunterricht als Einziger gemeldet."
„So, um was ging es denn?"
„Die Lehrerin hat gefragt, wer ein paar Flöhe für das Mikroskop mitbringen kann."

„Mama, stimmt es eigentlich, dass es Unglück bringt, wenn einem eine schwarze Katze über den Weg läuft?"
„Ja, Schatz", antwortet die Mäusemutter.

Sagt die Schneckenmutter zu ihren Kindern:
„Husch, husch, runter von der Straße.
In fünf Stunden kommt der Bus!"

Die Tausendfüßlermutter geht mit ihrem Kind ins Schuhgeschäft. Mit Tränen in den Augen bettelt das Kleine: „Mama, dieses Mal bitte nicht wieder Schuhe mit Schnürsenkeln!“

Das Tausendfüßlerkind fragt seinen Vater: Was ist eigentlich ein Mensch?“
„Ganz einfach“, antwortet der,
„das ist ein Lebewesen mit 998 Beinen zu wenig.“

Bud Norris schickt seinen Sohn zum ersten Mal alleine zum Einkaufen in die Stadt. Er gibt Skinny zwei Zehn-Cent-Stücke. „Damit kannst du mich jederzeit anrufen.“, sagt er.
„Echt?“, fragt Skinny begeistert. Er geht ein paar Schritte von seinem Vater weg, dann hält er sich das eine Geldstück ans Ohr, das andere vor den Mund: „Hallo, Papa? Kannst du mich hören?“

Mr Shaw liest ein Buch.
„Von wem ist denn das Buch?“, fragt sein Sohn.
„Von Goethe“, antwortet der Vater.
„Wer ist das?“, wundert sich Peter.
„Ein berühmter Dichter“, sagt der Vater.
„Berühmter als Nebel?“, fragt daraufhin sein Sohn.
„Nebel?“, fragt Mr Shaw erstaunt. „Kenne ich nicht.
Wer soll das denn sein?“
Peter steht auf und holt die Tageszeitung.
Triumphierend schlägt er eine Seite auf und deutet auf di
Überschrift: ‚Dichter Nebel wieder in Rocky Beach‘.

Onkel Titus liest die Zeitung, als Justus aufgeregt ruft: „Onkel Titus, heute ist ein Vulkan ausgebrochen!“ Ganz vertieft in die Lektüre antwortet Titus: „Keine Sorge, die Polizei wird ihn schon erwischen.“

Bob kommt weinend nach Hause:
„Mama, ich bin vom Baum gefallen.“
Fragt die Mutter besorgt:
„Hoch?“
„Nein, runter!“

„Oma“, fragt der kleine Peter,
„heißt es eigentlich ‚schlag mir‘ oder ‚schlag mich‘?“
„Aber Kind, es heißt natürlich ‚schlag mich‘!“, sagt die Oma zweifelnd.
„Gut“, erwidert Peter, „dann schlag mich bitte das Buch auf.“

Beim Abendessen bemerkt Skinny, dass der Salzstreuer leer ist.
„Ich fülle mal eben neues Salz ein“, sagt er und verschwindet in der Küche.
Nach einer Stunde kommt er wieder.
„Du hast aber lang gebraucht“, wundert sich Mrs Norris.
„Ich weiß, aber diese Löcher sind so verdammt klein.“

„Mama“, erzählt Peter stolz,
„in der Schule lerne ich jetzt Algebra!“
„Prima“, antwortet Mrs Shaw, „und kannst du schon ‚Guten Tag‘ auf Algebra sagen?“

„Na hast du dein Puzzle endlich fertig?“, fragt Onkel Titus Justus beim Abendessen. „Ja“, antwortet dieser zufrieden. „Zweitausend Teile zusammensetzen dauert eben seine Zeit.
Aber jetzt bin ich fertig und bin so stolz darauf, dass ich es mir an die Wand genagelt habe!“
„Nun ja, wieso auch nicht“, sagt sein Onkel.
„Na ja“, meint Justus,
„das war ganz schön anstrengend mit den 2000 Nägeln!“

„Papa“, fragt Peter, „warum ist die Erde rund?“
„Weiß ich nicht“, sagt der Vater unkonzentriert.
„Und warum ist es nachts dunkel?“
„Keine Ahnung.“
„Weißt du denn, warum der Mond manchmal nur eine Sichel ist?“
„Nein.“
„Papa, stört es dich eigentlich, wenn ich dich etwas frage?“
„Nein, nein, frag ruhig, sonst lernst du ja nichts.“

„Ich glaube“, sagt Mr Andrews, „dass unser Sohn seine Intelligenz von mir hat.“ „Das glaube ich auch“, antwortet seine Frau. „Ich hab meine nämlich noch.“

Vor dem Zahnarztbesuch erinnert Tante Mathilda Justus: „Du musst dir noch gründlich die Zähne putzen.“ Antwortet der mürrisch: „Auch den, den er ziehen will?“

Familie Shaw ist beim Abendessen. Es gibt Spaghetti mit Tomatensauce. Mr Shaw bekleckert sich fürchterlich. Da schaut er auf sein weißes Hemd, das mit roten Flecken gesprenkelt ist, und sagt: „Ich sehe aus wie ein Schwein!“ Meint Peter von der anderen Seite des Tisches: „Und bekleckert hast du dich auch noch.“

Bob ruft aus dem Kinderzimmer: „Mama, bring mir mal ein Eis!“ Mrs Andrews ruft zurück: „Du hast das Zauberwort mit fünf Buchstaben und zwei ‚t‘ vergessen!“ Da ruft Bob: „Flott!“

„Papa, wo liegt eigentlich Afrika?“, fragt Peter beim Abendessen. „Weiß ich doch nicht“, antwortet Mr Shaw. „Mama hat wieder aufgeräumt.“

Zum Geburtstag hat Bob einen Computer bekommen. „Jetzt brauche ich nur noch eine Maus“, sagt er. Mrs Andrews schüttelt den Kopf: „Nein, dein Hamster reicht mir schon.“

Justus kommt von der Schule nach Hause.
„Tante Mathilda, ich habe Bauchschmerzen", klagt er.
„Das ist bestimmt nichts Ernstes", sagt seine Tante,
„das kommt sicher davon, dass du nichts im Magen hast."
Da kommt Onkel Titus herein: „Mann, was habe ich für Kopfschmerzen."

*„Mama, ich will Polarforscher werden", sagt Bob.
„Prima.", antwortet seine Mutter.
„Dann gib mir bitte gleich fünf Dollar",
fordert Bob sie auf.
„Ich muss nämlich ab sofort täglich sehr viel Eis essen, um mich langsam an die Kälte zu gewöhnen."*

Mr Shaw droht Peter: „Wenn du weiter so frech bist, kommst du in ein Internat, um gutes Benehmen zu lernen!" Da grinst Peter: „Und zu Hause kann ich das nicht lernen?"

„Tante Mathilda, darf ich Klavier spielen?", ruft Justus, als er vom Spielen hereinkommt. „Ja, aber wasch dir vorher die Hände!" Meint Justus: „Und wenn ich nur auf den schwarzen Tasten spiele?"

Familie Andrews erwartet Besuch vom Chef. „Bob", sagt Mrs Andrews zu ihrem Sohn, „wasch dich, kämm dich und putz dir die Nase, damit du frisch und appetitlich aussiehst." „Wieso?", fragt Bob. „Will der mich etwa essen?"

„Peter, weißt du wo ich die Dose mit den Keksen hingetan habe?“, fragt Mrs Shaw beiläufig.
Er nickt: „Hinten oben in ...“
„Alles klar“, sagt die Mutter zufrieden.
„Ich suche ein anderes Versteck.“

„Hör mal“, schimpft Mr Andrews, „womit habe ich dir gedroht, wenn du wieder die Schule schwänzt?“
Bob antwortet: „Das ist komisch, Papa, ich habe es auch vergessen.“

„Mama, stimmt es,
dass der Mensch nach seinem Tod
zu Staub zerfällt?“ fragt Peter
seine Mutter.
„Ja, das stimmt.“, antwortet diese.
„Tja, dann ist unter meinem Bett
wohl jemand gestorben.“

„Schmerzt dein Zahn noch?", fragt Mrs Andrews Bob, als er vom Zahnarzt kommt.
„Keine Ahnung", sagt Bob. „Der Zahnarzt hat ihn behalten."

Justus kommt grantig von der Schule nach Hause: „Überall erzählen die Erwachsenen etwas von Lehrermangel. Nur bei uns fehlt nie einer!"

Justus und Peter fahren erst nach Anbruch der Dunkelheit heim. Sagt Justus: „Jetzt wird meine Tante vor Wut kochen." Darauf meint Peter: „Du hast es gut, ich krieg um diese Zeit nie etwas Warmes."

„Dein Lehrer beklagt sich über dich, Skinny.“, sagt Mrs Norris.
Der antwortet: „Das musst du nicht so eng sehen,
Mama. Du sagst doch selbst immer: Heutzutage klagen alle Leute.“

„Wenn ich gähne, halte ich mir immer die Hand vor den Mund“, meint der Großvater zu Peter.
„Das brauche ich zum Glück nicht zu tun“, meint dieser, „denn mir fällt zum Glück das Gebiss nicht raus.“

„Mama, kannst du mir einen Dollar geben für einen alten Mann?“, fragt Bob in der Stadt.
„Ja, gern, Bob. Es freut mich, dass du einem alten Mann helfen willst. Wo ist er denn?“
„Er steht da vorne und verkauft Eis.“

„Was hast du denn im Diktat geschrieben?",
fragt Mr Shaw.
Da antwortet Peter kleinlaut:
„Was du dir schon lange im Lotto wünschst:
einen Sechser."

Der kleine Holzwurm bittet:
„Mama, bitte kein Teakholz, das ist so hart!"
Mutter: „Iss, Kind, das ist gut für die Zähne."

Bob meckert in der Pause: „Meine Mutter macht alles falsch. Am Abend, wenn ich putzmunter bin, muss ich ins Bett, und am Morgen, wenn ich todmüde bin, da muss ich aufstehen."

Sagt ein Holzwurm zum anderen ganz stolz:
„Mein Sohn arbeitet in der Bank."

Das Telefon klingelt.
Peter: „Papa, es ist Bobs Vater. Er lässt fragen, wann du mit meinen Hausaufgaben fertig bist. Er möchte sie dann abschreiben."

Peter sitzt vor der Schule.
Lehrer: „Warum gehst du denn nicht nach Hause?"
Peter: „Weil meine Mutter schlechte Laune hat."
Lehrer: „Und warum hat sie schlechte Laune?"
Peter: „Weil ich nicht nach Hause komme."

Bob erzählt nach der Schule: „Unser Lehrer ist vielleicht doof. Der weiß nicht einmal, wie ein Pferd aussieht."
Mrs Andrews: „Übertreibst du da nicht ein wenig?"
Bob: „Nein, bestimmt nicht! Gestern in der Zeichenstunde habe ich ein Pferd gemalt, und da hat er mich gefragt, was das sein soll."

Peter fragt seinen Vater:
„Papa, was wird eigentlich aus Fußballern, die nicht mehr gut sehen?"
Dieser antwortet: „Schiedsrichter, mein Sohn, Schiedsrichter."

Peter fragt: „Mama, warum ist der Himmel so hoch?" Antwortet Mrs Shaw: „Damit sich die Vögel nicht den Kopf stoßen."

Der junge Löwe jagt einen Touristen durch die Steppe. „Hör auf!", ruft da seine Mutter, „wie oft hab ich dir schon gesagt: Mit dem Essen spielt man nicht!"

Skinny sagt zu seinem Vater im Zoo: „Schau mal Papa, das ist aber ein hässlicher Gorilla." Dieser antwortet leise: „Nicht so laut, Skinny. Wir sind erst an der Kasse!"

Tante Mathilda ruft ihren Neffen: „Justus, hast du nicht Lust, mit dem Elektro-Elefanten zu spielen?“
Justus antwortet: „Tante Mathilda, ich bin schon alt genug. Kannst du mir bitte ganz normal sagen, dass ich Staub saugen soll?“

„Warum weint dein kleiner Bruder so fürchterlich?“, wird Bob gefragt.
Er antwortet: „Heute haben wir Osterferien. Er hat aber keine bekommen.“
„Wieso denn nicht?“
„Er geht noch nicht zur Schule!“

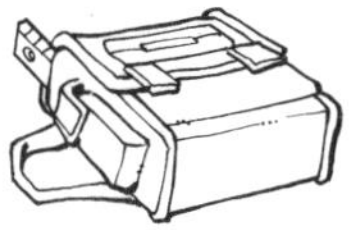

Peter hat in der Schule in Mathe eine Sechs bekommen. Der Vater ist so wütend darüber, weil er so lange mit Peter geübt hat, dass er beschließt, in die Schule zu gehen, um das zu klären.
Er trifft die Lehrerin und fragt:
„Warum hat Peter eine Sechs bekommen?“
Die Lehrerin: „Das ist ganz einfach. Weil es keine Sieben gibt.“

Peter zur Mama: „Mein Lehrer hat echt keine Ahnung. Immer fragt er mich."

„Opa, warst du auch mal so klein wie ich?", fragt Bob seinen Großvater.
„Na klar!", antwortet dieser. „Dann musst du aber komisch ausgesehen haben mit dem Bart und der Glatze."

Am Tag nach der Einschulung wird Justus von Tante Mathilda geweckt: „Aufstehen, Justus. Es ist Zeit für die Schule." Justus kuschelt sich tiefer in seine Decke: „Aber Tante Mathilda, da waren wir doch schon gestern."

Tante Mathilda sagt zu Justus:
„Du warst heute wirklich anständig. Dafür darfst du in das Glas greifen und dir eine Handvoll Gummibärchen rausnehmen."
Justus antwortet: „Kannst du nicht für mich reingreifen, Tante Mathilda?"
„Wieso bist du denn heute so schüchtern?", fragt Tante Mathilda besorgt.
Darauf sagt Justus: „Ich bin gar nicht schüchtern. Du hast nur größere Hände."

Justus erzählt daheim von der Schule: „Heute beim Eislaufen hat sich ein Junge ganz blöd lang gemacht und alle haben gelacht, außer mir."
Tante Mathilda klopft ihm auf die Schulter: „Das hast du gut gemacht. Wer war denn der Junge?"
„Ich."

„Na, hast du mich vermisst, als ich weg war?“, fragt Mrs Shaw nach dem Einkaufen.
Peter antwortet: „Du warst weg?“

„Wetten wir um einen Dollar", fragt Justus seine Tante, „dass ich dich innerhalb von einer Minute dazu bringe, ‚grün' zu sagen?"
„Abgemacht", sagt Tante Mathilda.
„Welches sind die Farben der amerikanischen Staatsflagge?", beginnt Justus.
„Blau, weiß und rot" antwortet Mathilda.
„Ha!", schreit Justus triumphierend, „siehst du, schon passiert! Du hast ‚rot' gesagt!"
„Aber du hast doch ‚grün' gesagt, nicht ‚rot'", ruft seine Tante empört.
Da grinst Justus und streckt seine Hand für den Dollar aus.

„Justus, würdest du bitte zum Bäcker gehen und mir ein Brot besorgen?", fragt Tante Mathilda.
Justus schaut aus dem Fenster. Es regnet in Strömen. „Bei diesem Wetter schickt man doch keinen Hund vor die Tür", beschwert er sich. Da lächelt seine Tante: „Davon, dass du einen Hund mitnehmen sollst, habe ich ja auch gar nichts gesagt."

Familie Andrews hat sich ein Klavier gekauft. Bob fragt: „Du, Papa, wofür sind denn die schwarzen Tasten?"
Dieser antwortet: „Die sind für die traurigen Lieder."

Peter ist mit seinem Vater im Zoo.
„Papa, kaufst du mir einen Elefanten?"
„Wo nehmen wir denn jeden Tag das viele Futter her?"
„Kein Problem, da steht doch: Füttern verboten!"

Skinny kommt aus der Schule.
„Was gibt's Neues?", fragt seine Mutter.
„Ich habe eine Fünf in Mathe und eine Sechs in Englisch."
„Nein, ich hatte gefragt, ob es etwas Neues gibt."

Peter fragt seinen Vater: „Ist das eigentlich immer so, dass Väter mehr wissen als ihre Söhne?"
„Das ist ganz natürlich", antwortet der Vater.
„Dann sag mir mal, wer die Relativitätstheorie aufgestellt hat!"
„Das war Albert Einstein", antwortet Mr Shaw.
„Und warum hat sie dann nicht der Vater von Albert Einstein aufgestellt?"

Tante Mathilda tadelt Justus vor der Schule:
„Mit ungewaschenem Gesicht geht man aber nicht aus dem Haus. Du hast ja noch die Marmeladenreste von heute Morgen um den Mund geschmiert."
Justus schüttelt den Kopf: „Heute Morgen hatte ich Müsli, die Marmelade muss von gestern sein."

Bud Norris steht am Schultor, um Skinny abzuholen. „Sehen Sie mal dort“, wendet er sich an eine Person, die neben ihm steht, „ist das nicht eine Schande? Schmuddelige Jeans, überall Piercings, Tätowierungen am Hals. So was soll ein Lehrer sein?“
„Das ist kein Lehrer, sondern mein Kind, das ich von der Schule abhole.“
„Oh, Entschuldigung, ich wusste ja nicht, dass Sie ihre Mutter sind!“
„Ich bin nicht die Mutter, ich bin der Vater. Und es ist mein Sohn!“

Mr Andrews versteckt seine alten Zeugnisse.
„Warum machst du das?", fragt seine Frau.
„Nur vorsichtshalber. Jetzt, wo Bob in der Schule ist und lesen kann."

Tante Mathilda erzählt beim Essen Witze. Justus möchte dazwischen immer etwas sagen, aber wird von ihr jedes Mal abgewürgt. „Gleich, nur noch diesen hier!" Schließlich sind schon alle mit Essen fertig, da fallen Tante Mathilda keine Witze mehr ein. „So", sagt sie, „was wolltest du denn so Wichtiges sagen?"
„Jetzt ist es auch egal", sagt Justus, „inzwischen hast du die Schnecke im Salat sowieso aufgegessen."

Bob stöhnt und sagt zu seiner Mutter: „Ich habe Muskelkater von den ungewohnten Bewegungen."
„So, was hast du denn gemacht?", fragt Mrs Andrews.
„Na, ich hab doch gestern mein Zimmer aufgeräumt."

Bei Familie Jonas klingelt es an der Tür. Kommissar Reynolds steht da und fragt: „Ist jemand von ihrer Familie Hobby-Funker?“
„Ja, mein Neffe, warum? Das wird doch wohl nicht verboten sein?“, antwortet Onkel Titus.
„Im Prinzip nicht“, sagt Kommissar Reynolds, „aber gerade ist die ganze Flotte der Vereinigten Staaten ausgelaufen.“

Die Oma sagt entzückt zu Bob: „Das ist aber lieb von dir, dass du mir so schöne Rosen schenkst.“ Die sehen genauso aus wie die Rosen, die ich im Garten habe.“
„Die du im Garten hattest!“

Mrs Shaw sagt zu Peter: „Vor dem Abendessen musst du aber noch Hände waschen!“
„Brauche ich nicht! Wir essen heute nur Schwarzbrot.“

Bob sagt zu Justus in der Pause: „Die schönsten Abende verdanke ich dem Theater.“
„Aber du gehst dort doch nicht oft hin“, meint dieser.
„Ich nicht, aber meine Eltern schon.“

Bob leckt beim Familienessen am Blümchenkleid seiner Tante. Alle schauen ihn verdutzt an. Da sagt Bob: „Du hast recht, Mama, das neue Kleid von Tante Berta ist wirklich geschmacklos.“

Mrs Norris schimpft mit ihrem Sohn: „Du bringst ja ein mieses Zeugnis mit nach Hause. Und im Verhalten hast du sogar eine Fünf! Na warte, was der Papa dazu sagen wird, wenn er nächste Woche aus dem Gefängnis kommt!“

Bob fragt seine Mutter: „Mama, wie wurde ich geboren?"
„Der Storch hat dich gebracht", antwortet diese.
„Und dich, Mama?"
„Mich hat auch der Storch gebracht, genau wie Oma und Opa", meint Mrs Andrews daraufhin.
Abends schreibt Bob in seine Hausaufgaben:
„In unserer Familie hat es seit Generationen keine normale Geburt mehr gegeben."

Mr Shaw meint zu Peter ernst: „Sohn, du musst langsamer Fahrrad fahren. Jetzt hast du schon fünf Leute angefahren!"
„Das stimmt nicht", sagt Peter. „Es waren nur vier, einen hab ich zweimal erwischt."

Tante Mathilda nimmt Justus ins Gebet: „Du, ich kenne da einen Jungen, der sieht immer nur die Fehler bei anderen, aber sieht nie seine eigenen Fehler."
„Ja, den kenne ich auch", antwortet Justus, „Skinny macht ständig etwas falsch. Und dabei habe ich ihm das schon hundertmal gesagt."

Justus kommt von der
Schule nach Hause: „Onkel Titus, ich habe zwei Fragen: Erstens, kann ich mehr Taschengeld haben, und zweitens, warum nicht?"

Skinny kommt gut gelaunt von der Schule nach Hause.
„Wie war es denn?“, fragt seine Mutter.
„Ach, ganz gut! Unser Lehrer hat mich heute
vor die Wahl gestellt.“
„Vor welche Wahl?“, will die Mutter wissen.
„Entweder ich lerne jetzt oder ich fliege von der Schule.“
„Und, wie hast du dich entschieden?“,
fragt die Mutter gespannt.
„Ich denke“, antwortet Skinny cool, „dass
ich den Lehrer nicht sehr vermissen werde.“

Peter: „Mama, morgen haben wir schulfrei."
Die Mutter: „Hat das der Lehrer gesagt?"
Peter: „Ja."
Die Mutter: „Was sagte er denn genau?"
Peter: „Er sagte nur: ‚Schluss für heute, morgen fahre ich fort.'"

Peter erzählt seinen Freunden: „Meine Eltern sind aber auch nie zufrieden! Macht man zu viel Lärm, meckern sie, man soll still sein. Ist man dann still, kommen sie gleich wieder mit dem Fieberthermometer!"

Tante Mathilda fragt Justus nach dem ersten Schultag: „Na, hast du denn schon etwas gelernt?"
Justus antwortet: „Ja. Ich habe gelernt, dass alle anderen viel mehr Taschengeld bekommen als ich!"

Bud Norris und Skinny unterhalten sich.
Der Vater fragt seinen Sohn: „Nun, mein Junge, hast du dich bei deiner Lehrerin dafür entschuldigt, dass du ihr auf den Fuß getreten bist?“
Skinny entgegnet: „Ja, Vater, und sie hat mir sogar eine Tafel Schokolade geschenkt!“
Darauf fragt Bud Norris: „Aha! Und was hast du dann gemacht?“
Da meint Skinny: „Ich bin ihr auch noch auf den anderen Fuß getreten!“

Schon zum fünften Mal schickt die Mutter Bob zurück ins Bett. „Höre ich noch einmal das Wort ‚Mama‘, gibt es Ärger!“
Eine Weile ist es still, dann klingt es aus dem Kinderzimmer: „Mrs Andrews, kann ich bitte was zu trinken haben?“

Beim Elternsprechtag meint der Lehrer: „Ich muss Ihnen leider mitteilen, dass ihr Sohn keinerlei Fortschritte im Multiplizieren und Dividieren macht!"
Da sagt Mr Shaw: „Das ist doch nicht schlimm, Latein ist nicht so wichtig. Hauptsache, der Junge kann rechnen!"

Bobs Vater liest am Bett Märchen vor, damit Bob endlich einschläft. Eine halbe Stunde später öffnet die Mutter leise die Tür und fragt: „Ist er endlich eingeschlafen?"
Antwortet Bob: „Ja, endlich."

Am Abend ruft die Holzwurmmutter ihren Kleinen zu: „Husch, husch, ab ins Brettchen!"

Peter erklärt seinen Eltern:
„Wir haben Lehrermangel, weil zu viele Kinder in die Schule gehen. Daher schlage ich vor, ich bleibe mal ein paar Wochen zu Hause, um die Lehrer zu entlasten."

Mrs Shaw sagt zu Peter: „Wenn du immer so nervig bist, dann bekommst du auch mal Kinder, die so nerven."
Peter grinst: „Jetzt hast du dich aber schön verraten."

„Wetten wir um einen Dollar“, fragt Bob seinen Vater, „dass ich in fünf Minuten zur Schule gehe?“
„Unmöglich! Das schaffst du nie“, sagt der Vater. „Die Wette gilt!“
„Okay“, sagt Bob und schaut auf die Uhr. Als fünf Minuten vorbei sind, sagt er: „So, fünf Minuten sind vorbei, jetzt gehe ich. Wette gewonnen!“

Ein Holzwurm zu seinen Kindern: „Kommt endlich, sonst wird das Essen noch morsch!“

Kurz nach Weihnachten legt Peter seinen neuen Teddybären in die Gefriertruhe.
„Warum machst du das?“, fragt Mrs Shaw verwundert.
Da antwortet Peter: „Ich hätte lieber einen Eisbären.“

Schon wieder zu spät,

Skinny

Sagt der Lehrer zu Justus: „Du kommst diese Woche schon zum vierten Mal zu spät. Was schließt du daraus?“
„Es ist Donnerstag!“

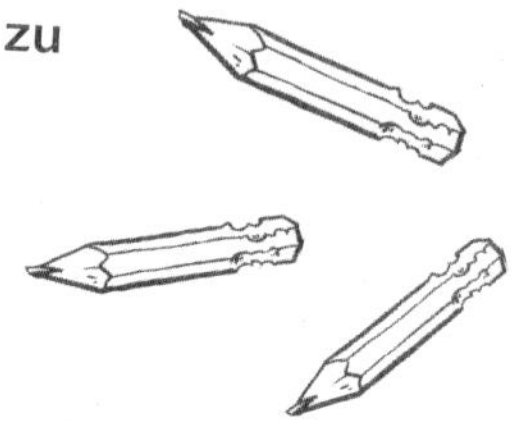

Skinny musste mal wieder nachsitzen. Zu Hause erwartet ihn schon seine Mutter: „Wie oft hab ich dir schon gesagt, du solls gleich nach der Schule nach Hause komme und dich nicht rumtreiben!“
Skinny schimpft wütend zurück: „Ich hab mich nicht rumgetrieben, ich musste Übe stunden machen!“

Skinny kommt zu spät in die Schule.
Da fragt der Lehrer: „Entschuldigung!?“
Skinny: „Ach passt schon!“

Bob kommt zu spät in die Schule.
Fragt der Lehrer: „Wieso bist du zu spät?"
Darauf Bob: „Ich habe verschlafen."
Der Lehrer verwundert: „Was? Zu Hause schläfst du auch?"

Der Vater überrascht Bob dabei, wie er ihn heimlich mit seinem Handy fotografiert: „Sag mal, wofür brauchst du denn ein Foto von mir?"
„Ach, mein Lehrer wollte wissen, welcher Trottel so viele Fehler bei den Hausaufgaben machen kann."

Auf dem Schulhof fragt Kommissar Reynolds streng: „Justus, hast du das Fahrrad vor der Schule gestohlen?“ Darauf sagt Justus: „Nein, durchsuchen Sie mich doch.“

Bob kommt gereizt aus der Schule, setzt sich an den Tisch und fängt an, Mittagessen in sich reinzuschaufeln.
„Was hattest du denn heute in der Schule?“, fragt Mr. Andrews interessiert.
„Hunger, Durst und verdammt schlechte Laune!“

Skinny kommt verschlafen ins Klassenzimmer getrottet und lässt sich wortlos auf seinen Stuhl fallen.
Der Lehrer herrscht ihn an: „Kannst du nicht grüßen?“
„Natürlich kann ich das. Wen denn?“

Peter kommt aufgeregt und zu spät in die Schule:
„Ich bin von Räubern überfallen worden!"
„Und was hat man dir geraubt?",
will der Lehrer wissen.
„Gott sei Dank nur die Hausaufgaben!"

Bob kommt zu spät in die Schule. Er entschuldigt sich beim Lehrer: „Im Aufzug in unserem Haus steht: ‚Nur für 4 Personen'. Leider es hat ewig gedauert, bis noch drei andere dazu gekommen sind!"

Während der ersten Stunde hat es sich Skinny mit dem Kopf auf dem Tisch gemütlich gemacht.
Nach der Stunde fragt ihn der Lehrer: „Na, ausgeschlafen?"
Skinny, ein wenig mürrisch: „Wenn Sie nicht immer so laut reden würden, vielleicht schon!"

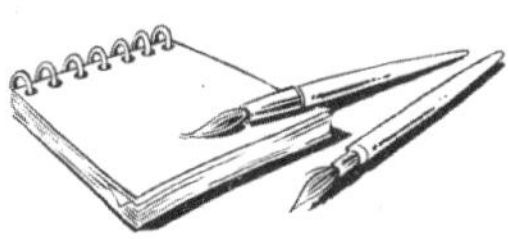

Sagt der Lehrer zu Skinny:
„Du kommst zwei Stunden zu spät!"
„Tut mir schrecklich leid, aber mein Wecker hat geklingelt, als ich noch geschlafen habe!"

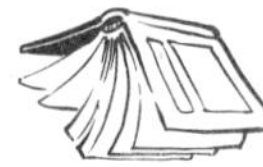

Bud Norris fragt: „Weshalb hast du eigentlich keine Freunde in deiner Klasse?"
Skinny zuckt die Schultern und sagt: „Ich weiß auch nicht. Die einen, die ich verhaue, mögen mich nicht und die anderen, die mich verhauen, mag ich nicht!"

Der Lehrer fragt im Biologieunterricht: „Wenn ich meinen Kopf nach unten halte, strömt Blut hinein. Warum nicht in die Füße?"
Da meldet sich Justus: „Weil die nicht hohl sind!"

Der Lehrer zu Skinny: „Du denkst langsam, du schreibst langsam, du bewegst dich langsam. Kannst du denn auch irgendetwas schnell?“ Darauf Skinny: „Ja, ich werde sehr schnell müde!“

„Skinny, deine Eltern haben mich gestern besucht. Sie haben sich sehr über dich beklagt“, tadelt der Lehrer. „Wegen dir haben sie schlaflose Nächte!“ „Das kann nicht sein“, entgegnet Skinny, „ich bin ja nachts nie zu Hause.“

Bei den Vorbereitungen für das Schulfest mahnt der Lehrer Skinny: „Wenn du auf den Stuhl steigst, um die Girlanden zu befestigen, dann leg doch eine Zeitung drunter!“ Antwortet dieser: „Nicht nötig, Herr Lehrer. Ich komme auch so ran.“

Der Lehrer fragt Skinny nach der Pause: „Stimmt es, dass du Peter auf den Kopf geschlagen hast?“
„Ja, das stimmt. Aber die krummen Beine hatte er vorher schon!“

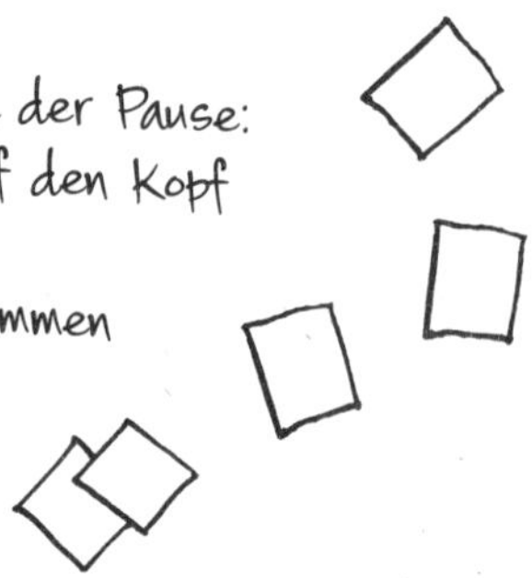

Die Lehrerin will gerade die Hausaufgaben einsammeln, als Skinny zu spät ins Klassenzimmer gestürzt kommt.
„Ich bin soeben Opfer eines Überfalls geworden!“
Die Lehrerin, ganz besorgt: „Ist dir etwas passiert?“
„Oh, der Schuft hatte es nur auf meine Englischhefte abgesehen!“

Skinny und seine Freunde kommen viel zu spät in den Unterricht.
„Wo kommt ihr denn her?“, donnert der Lehrer.
Skinny schaut ihn ganz unschuldig an: „Es war so glatt da draußen, dass wir bei jedem Schritt nach vorne gleich wieder zwei nach hinten gerutscht sind.“
„Ach ja, und wie habt ihr es zur Schule geschafft?“
„Ganz einfach, wir haben aufgegeben und wollten wieder nach Hause laufen.“

Justus und Peter kommen im November deutlich zu spät in die Schule.
„Wo kommt ihr denn her?“
„Oh, wir waren pünktlich, aber der Winter steht vor der Tür, der hat uns nicht vorbeigelassen.“

Peter erzählt Justus einen Witz. Als der nicht lacht, fragt er: „Findest du den etwa nicht lustig?“
„Doch, doch“, sagt Justus. „Als ich ihn zum ersten Mal gehört habe, bin ich aus dem Kinderwagen gefallen vor Lachen.“

Peter und Bob spielen, als Mrs Andrews ihren Sohn ruft: „Bob, komm, wir wollen einkaufen!“ Bob verdreht die Augen und fragt seinen Freund: „Was machst du eigentlich, wenn deine Mutter dich mit zum Einkaufen schleppt und du dich zu Tode langweilst?“
„Ich gehe in eine Umkleidekabine und rufe nach einer Weile: ‚Kann mir mal jemand helfen? Das Klopapier ist alle!‘“

„Ich glaube, dein Hund ist zu kurz“, sagt Peter zu Bob.
„Wieso zu kurz?“, fragt dieser erstaunt.
„Weil vorne die Zunge raushängt!“

Onkel Titus kommt in die Küche, in der Tante Mathilda abspült. „Aber Schatz“, sagt er gönnerhaft, „heute ist doch dein Geburtstag, da brauchst du doch nicht zu spülen. Mach es morgen!“

„Nun, Skinny", sagt Bud Norris zu seinem Sohn, „was glaubst du, warum ich dich gestern wohl ein kleines Schwein genannt habe?"
Antwortet Skinny: „Weil ich noch nicht so groß bin wie du!"

Oma ist schon seit zwei Wochen zu Besuch.
„Bald macht Papa sein Kunststück", freut sich Bob.
„Welches Kunststück denn?", will die Oma wissen.
„Na, er hat gesagt, wenn du diesmal wieder länger als zwei Wochen bleibst, geht er die Wände hoch."

„Justus, warum hast du denn einen Verband um den Kopf?", fragt Peter seinen Freund.
„Weil mich eine Mücke gestochen hat."
„Und dafür brauchst du so einen großen Verband?"
„Nein, aber Tante Mathilda hat die Mücke mit dem Spaten totgeschlagen."

Der Nachbar schimpft: „Skinny, was hast du da oben in meinem Baum zu suchen?“
Da ruft Skinny frech zurück: „Ein Apfel war heruntergefallen und ich wollte ihn wieder raufhängen.“

Bob geht am Garten des Nachbarn vorbei, der ein begeisterter Hobbygärtner ist. „Bob“, ruft er ärgerlich, „gestern haben mir ein paar freche Kinder wieder die besten Äpfel vom Baum geklaut. Du warst wohl auch dabei, oder?“ „Nein.“, sagt Bob traurig. „Ich bin noch zu klein, deshalb darf ich erst nächstes Jahr mitmachen.“

Skinny sitzt im Kirschbaum nebenan und bedient sich. Da kommt der Nachbar vorbei und ruft ärgerlich: „Das werde ich heute Abend deinem Vater sagen!“ „Nicht nötig“, ruft Skinny zurück, „der sitzt hier neben mir im Baum.“

Mrs Andrews ist empört: „Bob, bevor ich zum Einkaufen gegangen bin, waren noch sechs Eis in der Gefriertruhe, jetzt sind es nur noch zwei. Hast du da eine Erklärung dafür?"
Bob grinst: „Wahrscheinlich habe ich die beiden übersehen."

Bob steht vor Peters Fenster und ruft hoch: „Peter, kommst du mit zum Fußballplatz?"
Peter ruft zurück: „Ich muss noch Mathehausaufgaben machen, eine halbe Stunde Klavierspielen üben und mein Zimmer aufräumen. Ich komme also in zehn Minuten nach!"

„Justus, wie oft soll ich dir noch sagen, dass du die Pralineschachtel in Ruhe lassen sollst?", zetert Tante Mathilda.
„Gar nicht mehr, Tante Mathilda. Sie ist jetzt leer."

Justus, Peter und Bob sitzen auf einem Apfelbaum im Garten und bedienen sich an den Früchten. Peter beißt kräftig in seinen Apfel. Dann verzieht er das Gesicht und sagt zu den anderen: „Wisst ihr, was ekliger ist als ein Apfel mit einem Wurm drin?“
„Nein, was denn?“
„Ein Apfel mit einem halben Wurm drin!“

Bud Norris kommt mit Skinny in eine Tierhandlung und fragt: „Bekomme ich bei Ihnen einen Hund für meinen Sohn?“
Der Verkäufer schüttelt den Kopf:
„Tut mir leid, wir tauschen nicht.“

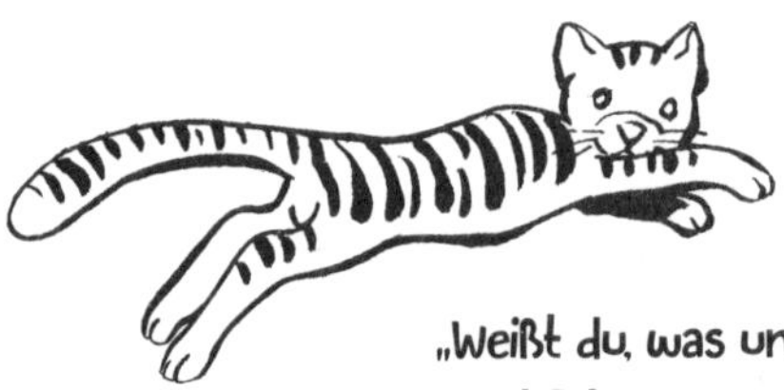

„Weißt du, was unglaublich ist?“, fragt Peter seine Freunde in der Schule.
„Nein, was denn?“, fragt Justus.
„Unsere Katze hat gestern bei der Vogelausstellung den ersten Preis geholt.“
„Wie das denn?“, fragt Bob erstaunt.
„Die Käfigtür war offen.“

„Was möchtest du eigentlich später einmal werden?“, fragt Bud Norris seinen Sohn.
„Lehrer und Maurer!“, sagt Skinny.
„Warum das denn?“, fragt sein Vater verwundert.
„Ist doch klar: als Lehrer habe ich im Sommer frei und als Maurer im Winter.“

Skinny will sich an der Kinokasse vordrängeln. Da regt sich ein Mann auf: „Du musst dich hinten anstellen, Junge!“
Drauf Skinny: „Das geht nicht, da steht leider schon einer.“

Justus sagt angeberisch zu Peter und Bob: „Ich kann übrigens Italienisch, Französisch und Chinesisch!“ Meint Peter: „Toll! Sprechen und Schreiben?“
„Quatsch. Essen!“

„Und wie ist deine Mutter dahintergekommen, dass du dir nicht die Zähne geputzt hast?", fragt Justus Peter in der Pause. „Ich hab vergessen, die Zahnbürste nass zu machen."

Im Schulsekretariat klingelt das Telefon. Der Rektor hebt ab. „Hallo, ich wollte Ihnen nur mitteilen, dass Bob heute nicht zur Schule kommen kann, er ist krank." „Mit wem spreche ich denn?", fragt der Rektor. „Mit meinem Vater."

Verabschiedet sich Tante Mathilda von Justus: „Also dann, bis heute Mittag. Und mach auf dem Schulweg bloß keinen Unsinn!"
Erwidert Justus: „Keine Sorge, erst, wenn ich in der Schule bin."

Beschwert sich die Lehrerin bei Mrs Norris: „Ihr Sohn hat mich heute im Unterricht eine alte Gans genannt!“
Meint die Mutter: „Was? Oh, dann muss ich ihn bestrafen. Ich habe ihm schon hundertmal gesagt, dass er die Menschen nicht nach ihrem Äußeren beurteilen soll.“

Der Lehrer verteilt die korrigierten Diktate und fragt Bob: „Sag mal, hast du noch nie etwas von Rechtschreibung gehört?“
Antwortet Bob: „Aber Herr Lehrer, ich bin doch Linkshänder.“

Es gab Zeugnisse. Skinny kommt nach Hause und sagt zu seinem Vater: „Papa, du hast mir hundert 100 Dollar versprochen, wenn ich versetzt werde, stimmt's?“
Bud Norris antwortet: „Ja.“
Darauf Skinny: „Freu dich! Du hast das Geld gespart!“

„Wie kannst du nur überall herumerzählen, dass ich ein Bösewicht bin?" empört sich Skinny bei Justus.
„Wieso?", fragt der. „Ist das ein Geheimnis?"

„Entschuldigung", fragt ein Fremder Bob, „kannst du mir einen Tipp geben, wie ich am schnellsten ins Krankenhaus komme?"
Bob antwortet: „Am besten machen Sie die Augen zu und gehen über die Hauptstraße, ohne sich um die Huperei zu kümmern. Dann werden Sie gleich mit Blaulicht hingefahren."

Es klingelt bei Familie Shaw. Vor der Tür steht die Nachbarin, in Tränen aufgelöst, und kreischt: „Dein blöder Kater hat meinen Wellensittich gefressen!"
„Das ist nett von Ihnen, dass Sie Bescheid sagen", bedankt sich Peter, „da werden wir ihm heute Abend weniger Futter geben, sonst wird er noch zu dick."

Im Bus schimpft eine Frau mit Bob: „Nimm deinen Köter weg, ich spüre einen Floh an meinem Bein hochkrabbeln!" Bob zieht daraufhin die Leine seines Hundes straffer und sagt: „Komm da bloß weg, die Dame hat Flöhe!"

„Skinny, stimmt es, dass ihr dem Lehrer eine tote Maus auf das Pult gelegt habt?", fragt Bud Norris wütend. „Ja", verteidigt sich Skinny, „eigentlich wollten wir einen lebendigen Frosch nehmen, aber der ist immer weggehüpft."

„Die Trompete ist das schönste Geschenk, das ich je bekommen habe. Mein Vater gibt mir jedes Mal, wenn ich spiele, einen Dollar.", erzählt Bob stolz.
„Dann musst du aber schon gut spielen können!", meint Justus beeindruckt.
„Nein, er gibt mir einen Dollar dafür, dass ich aufhöre."

Skinny kommt mit einem Bogen in der Hand zur Nachbarin: „Kann ich bitte meinen Pfeil wiederhaben?“
Diese meint: „Wo steckt er denn?“
„In Ihrer Katze!“

Peter sagt zu Justus:
„Ich lebe nach dem Motto: Was ich nicht weiß, macht mich nicht heiß.“
Darauf sagt Justus nachdenklich:
„Mann, muss dir kalt sein.“

Peter will Bob nach der Schule im Krankenhaus besuchen, findet aber den Weg dorthin nicht.
Er fragt einen älteren Herrn: „Hey, Opa, wie komme ich am schnellsten ins Krankenhaus?“
Da antwortet der alte Herr mit zusammengebissenen Zähnen: „Indem du noch mal Opa zu mir sagst.“

Peter erzählt stolz auf dem Pausenhof: „Mein Hund erkennt mich schon auf fünfzig Meter am Geruch."
Da meint Bob: „Das wundert mich nicht …"

Skinny schüttet seinen Freunden das Herz aus:
„Das zwischen mir und meiner Freundin ist aus."
Einer fragt: „Warum? Hast du dich etwa von ihr getrennt, weil sie jetzt eine Brille tragen muss?"
„Nein, es ist umgekehrt. Seit sie eine Brille hat, will sie nichts mehr von mir wissen."

Justus erzählt kurz vor Weihnachten seinen Freunden in der Pause: „Meine Tante wünscht sich dieses Jahr zu Weihnachten ein Streichinstrument."
Da fragt Bob: „Und, was hast du ihr besorgt?"
„Ein tolles Buttermesser."

„Raus!“, sagt der Lehrer zu Skinny.
Dieser schaut empört: „Warum?“
Der Lehrer antwortet: „Weil dein Gerede hier niemanden interessiert.“
Da meint Skinny frech: „Dann können Sie ja gleich mitkommen!“

Mrs Norris bekommt einen Brief: „Liebe Mrs Norris, ich habe ja nichts dagegen, wenn Ihr Sohn die Matheaufgaben von meinem Justus abschreibt. Aber dass er ihn noch verprügelt, wenn das Ergebnis falsch war, das geht mir eindeutig zu weit!“

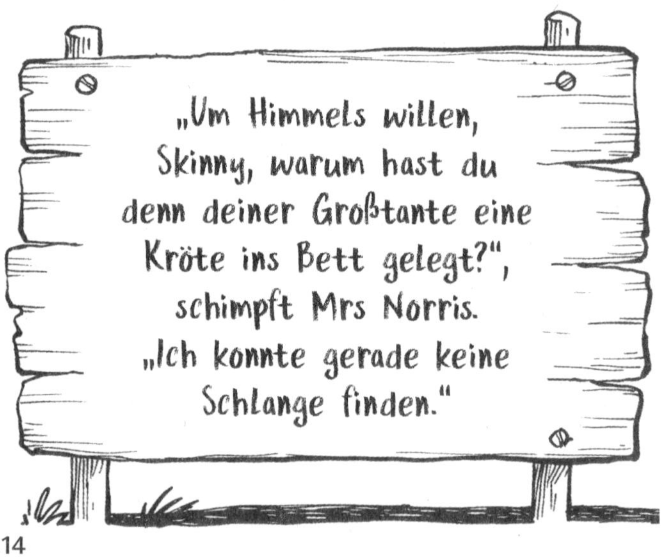

Sagt der Lehrer zu Skinny: „Du könntest mal wieder ein Bad vertragen!“
Skinny antwortet: „Aber ich bade doch täglich.“
Da meint der Lehrer: „Dann solltest du mal das Wasser wechseln.“

Die Lehrerin und Skinny unterhalten sich:
„Kommen deine Eltern zum Elternabend?“
„Nein, die wurden vom Traktor angefahren.“
„Das ist ja schrecklich. Und wer sorgt sich jetzt um dich? Deine Großeltern?“
„Nein, die wurden auch vom Traktor angefahren.“
„Aber irgendwer muss sich doch um dich sorgen? Vielleicht ein Onkel oder Tante?“
„Nein, die wurden auch vom Traktor angefahren.“
„Aber was machst du dann den ganzen Tag?“
„Traktor fahren!“

Der Lehrer fragt auf dem Pausenhof: „Skinny, warum weint Bob?“
Skinny: „Weil ich ihm geholfen habe!“
Daraufhin meint der Lehrer: „Aber das ist doch gut. Wobei hast du ihm den geholfen?“
Skinny: „Beim Gummibärchenessen!“

*Lehrer zu Skinny: „Du bist zu spät zum Unterricht."
Skinny erwidert: „Ich musste mich von allen Haustieren verabschieden."
Der Lehrer antwortet verärgert: „Und dafür brauchst du eine halbe Stunde?"
Skinny meint darauf: „Ja, wir haben einen Flohzirkus zu Hause, und weil die immer so rumspringen, weiß ich nie, ob ich mich schon bei dem einen oder anderen verabschiedet habe."*

Skinny kommt zu spät zur Schule. Der Lehrer fragt, warum er so spät gekommen sei. Er antwortet, dass er einen Mann traf, der einen Fünfzig-Dollar-Schein verloren hat.
Der Lehrer: „Ah, verstehe, und du hast ihm geholfen, ihn wiederzufinden?"
Skinny: „Ne, ich stand drauf und musste warten bis der Mann wegging."

Skinny sagt zu einem Freund: „Ich kann nicht mitkommen zum Schwimmen, denn ich habe im Schwimmbad Hausverbot. Ich habe letztes Mal ins Becken gepinkelt."
Da meint der Freund: „Aber das machen andere doch auch."
Skinny: „Ja schon, aber nicht vom Zehn-Meter-Turm."

Peter beißt in der Pause in einen Apfel. „Pass auf die Würmer auf", mahnt Justus. „Mensch Justus", antwortet Peter, „die sollen gefälligst auf sich selbst aufpassen."

„Wetten wir um fünfzig Cent, dass ich mit blauer Tinte rot schreiben kann?", fragt Justus Peter.
„Okay.", antwortet dieser.
Justus nimmt seinen Füller und schreibt das Wort ‚rot' auf.
„Fünfzig Cent, bitte!"

Ferien in Rocky Beach

Familie Shaw hat im Urlaub einen Papagei gekauft und will nun diesen mit über die Grenze nehmen. Der Zöllner liest die Zollgebührenliste vor: „Lebender Papagei: 400 Dollar, toter Papagei: gratis!“ Da tönt es vom Rücksitz mit krächzender Stimme: „He, macht jetzt bloß keinen Mist!“

In der Pause fragt Peter seinen Freund Bob: „Wo macht ein Skelett Urlaub?“ „Weiß ich nicht.“ „Am Toten Meer!“

Peter fragt Justus und Bob:
„Wollen wir uns heute Nachmittag treffen?“
Die beiden antworten: „Ja! Kannst du um 14 Uhr bei Giovanni´s Eiscafé sein?“
Peter: „In Ordnung! Und wann kommt ihr?“

Familie Meier fährt in den Urlaub. Sie werden jeden Abend von Mücken geplagt. Eines Abends sieht Herr Meier Glühwürmchen und denkt sich: „Mist, jetzt kommen die Viecher schon mit Laternen."

Zwei Skelette treffen sich in der Buchhandlung.
„Du bist ja so aufgeregt“, sagt das eine, „was ist denn los?“
„Ich fahre morgen in den Urlaub“, antwortet das andere.
„Und, weißt du schon, wo du übernachten wirst?“
„Nein, deshalb bin ich ja hier. Ich will mir einen Friedhofsführer kaufen.“

Nach den Sommerferien fragt die Lehrerin Bob: „Na, Bob, wie war es denn in Venedig?“
Dieser antwortet mürrisch: „Totaler Reinfall. Die ganze Stadt stand unter Wasser.“

Justus, Peter und Bob sitzen im Mondschein auf der Veranda.
„Glaubt ihr, dass auf dem Mond Leute wohnen?“, fragt Justus.
„Ganz ausgeschlossen ist das nicht“, antwortet Peter, „schließlich gibt es ja auch Licht da oben, nicht wahr?“
Bob denkt ebenfalls nach, dann sagt er:
„Aber stellt euch mal das Gedränge bei Halbmond vor.“

Familie Andrews macht Ferien auf dem Bauernhof.
Sie beobachten abends,
wie die Kuhherde von der Weide zurück in den Stall kommt.
„Das ist ja toll“, meint Mrs Andrews,
„jede Kuh findet sofort ihren richtigen Platz.“
„Was soll daran so toll sein?“, fragt Bob,
„über jedem Platz hängt doch ein Schild mit ihren Namen.“

Peter war in den Ferien mit seinen Eltern auf Safari.
Zu Schulbeginn erzählt er Justus und Bob:
„Stellt euch vor, ich gehe da so durch die Steppe, da kommt ein Löwe aus dem Gebüsch und will mich fressen. Ich bin um mein Leben gerannt. Plötzlich rutscht der Löwe aus, fällt hin und ist mausetot."
Da meint Bob mit großen Augen:
„Ach du meine Güte, wie schrecklich.
Ich hätte mir vor Angst in die Hose gemacht."
Peter grinst: „Hab ich auch. Oder was glaubst du, worauf der Löwe ausgerutscht ist?

Der Lehrer fragt Bob:
„Du hast in den Ferien ja richtig dicke Backen bekommen. Habt ihr immer so gut gegessen?"
Bob meint: „Nein, das nicht, aber ich musste immer die Luftmatratzen aufblasen."

Es sind Sommerferien, aber leider ist es sehr kalt. Justus tröstet seinen Freund Peter: „Am Wochenende soll es aber dreißig Grad warm werden."
„Echt?", fragt Peter.
„Ja", antwortet Justus, „15 Grad am Samstag und 15 Grad am Sonntag."

Nach den Sommerferien möchte der Erdkundelehrer von den Schülern wissen, wo sie überall gewesen sind. Besonders Peter sticht hervor:
„Wir waren in San Francisco, Chicago und New York."
„Na dann wirst du dich in Geografie jetzt bestens auskennen."
Peter überlegt kurz. „Nein, da waren wir, glaub ich, nicht."

Peter fährt mit seiner Familie in den Urlaub. Im Zug sitzt ihm ein Mann gegenüber, der eine Banane nach der anderen aus seiner Tasche nimmt, Salz darauf streut und sie dann aus dem Fenster wirft. Nach der zehnten Banane fragt ihn Peter:
„Sie mögen wohl keine Bananen?"
Darauf antwortet der Mann:
„Doch, doch, sehr gerne. Aber nicht gesalzen."

Auf geht's zum

Ausflug

Auf dem Weg ins Ferienlager gibt die Stewardess Peter einen Kaugummi: „Der hilft gegen das störende Ohrensausen."
Nach der Landung geht Peter zur Stewardess und fragt: „Und wie bekomme ich das Zeug jetzt wieder aus den Ohren raus?"

Die Klasse geht in den Zoo. Eine Weile steht sie vor dem Elefantengehege, dann sagt Peter: „Herr Lehrer, wo kommen eigentlich die Elefantenbabys her? Bringt die etwa auch der Storch?"

Peter und Bob laufen an einem ausgetrockneten See vorbei.
Sagt Peter: „Schau mal, der See ist weg!"
Da sagt Bob: „Das war bestimmt ein Seeräuber!"

Beim Wandertag beobachtet die Schulklasse Schwäne auf einem See. Die Lehrerin fragt: „Hättet ihr auch gern so einen langen Hals?"
Peter antwortet: „Beim Waschen nicht, beim Diktat schon."

Wandertag auf dem Land bei dreißig Grad im Schatten. In der Ferne stehen einige Windmühlen.
„Wofür waren wohl diese alten Windmühlen gut?"
Peter antwortet: „Vielleicht als große Ventilatoren für die Kühe, wenn es heiß war?"

Der Biolehrer macht zum ersten Mal einen Ausflug zum Bauernhof.
„So, nun dürft ihr dem Bauer noch Fragen stellen."
Skinny meldet sich nachdenklich: „Sagen Sie, lohnt es sich überhaupt noch, Kühe zu halten, wo es doch mittlerweile Tetrapacks gibt?"

Die Klasse macht einen Ausflug in die Rocky Mountains.
Am Morgen steht Justus auf dem Balkon und atmet tief ein und aus: „Wie frisch hier die Luft am Morgen ist!“
„Ist ja auch kein Wunder“, antwortet Peter, „schließlich war sie die ganze Nacht draußen.“

Im Zoo sagt Bob zum Pfleger: „Was würde der Tiger wohl sagen, wenn er sprechen könnte?“ Antwortet der Pfleger lachend: „Er würde sagen: Ich bin ein Leopard.“

Bei einem Ausflug der Schulklasse aufs Land kommt der Lehrer mit einem Schäfer ins Gespräch: „Wie viel Schafe haben Sie ungefähr?“
Schäfer: „Genau 5378 Tiere.“
Lehrer: „Donnerwetter! Woher wissen Sie das so genau? Haben Sie einen Trick beim Zählen?“
Schäfer: „Ja, ich zähle die Beine und teile dann durch vier.“

„Du spielst doch gerne Fußball, oder?“, fragt der Trainer genervt.
„Klar“, sagt Bob.
Darauf antwortet der Trainer:
„Und warum lernst du es dann nicht?“

Peter und Bob schauen auf dem Pausenhof einer Spinne beim Weben ihres Netzes zu.
„Was macht die denn da?“, fragt Peter.
Daraufhin Bob: „Also, wenn du mich fragst, die spinnt!“

Peter erzählt stolz zu Hause:
„Ich habe heute beim Fußballspiel vier Tore geschossen!"
„Und wie ging das Spiel aus?"
Meint Peter knapp: „2:2."

Peter kehrt nach einem Gewichtheben-Wettkampf enttäuscht nach Hause zurück.
„Schon wieder verloren!", berichtet er seinen Eltern.
Seine Mutter legt ihm tröstend die Hand auf die Schulter:
„Du solltest nicht alles so schwer nehmen."

Die Fußballmannschaft hat wieder einmal verloren.
Nach dem Ende des Spiels ruft der Trainer alle zusammen:
„Jungs, wir fangen noch einmal ganz von vorne an.
Also, das hier ist ein Ball!"
Meldet sich eine Stimme aus der letzten Reihe:
„Entschuldigung, könnten Sie das Ding noch mal hochhalten?"

Sagt der Trainer nach dem Spiel zu Justus:
„Du bist mein bestes Pferd im Stall, und
weißt du auch, warum?“
Antwortet Justus ganz selbstbewusst:
„Weil ich so gut tricksen und dribbeln kann,
ein tolles Ballgefühl habe und intelligent spiele?“
„Nein, weil du den meisten Mist machst!“

„Aus dir könnte ein prima Fußballspieler
werden“, sagt der Trainer zu Bob,
„aber dir stehen zwei Dinge im Weg.“
„Welche sind das denn?“, fragt Bob.
„Dein linker und dein rechter Fuß!“

„Wie war ich?“, fragt Skinny den Trainer nach dem Spiel.
„Letzten Sonntag warst du besser.“, meint dieser.
„Letzten Sonntag? Aber da habe ich doch
gar nicht gespielt!“
„Genau!“

Skinny fragt nach der ersten Runde im Boxwettkampf seinen Trainer:
„Wie wirkt meine Taktik auf den Gegner?“
„Ach, schlag ruhig weiter daneben“, sagt der Trainer, „vielleicht erkältet er sich ja durch den Luftzug.“

Der Trainer brüllt wütend Peter an, der zu spät zum Training erscheint: „Du kommst schon wieder zu spät! An deiner Stelle würde ich überhaupt nicht mehr kommen!“ Antwortet Peter: „Ja, Sie vielleicht nicht, aber ich habe eben Pflichtbewusstsein.“

Auf Klassenfahrt auf dem Bauernhof beobachtet Bob den Bauern beim Melken.
Am nächsten Tag ruft der Bauer über den Hof: „Meine Kuh ist weg!"
Da meint Bob: „Weit kann sie ja nicht gekommen sein. Sie haben ihr ja gestern den ganzen Tank leer gepumpt."

Peter humpelt vom Fußballplatz.
Besorgt kommt ihm der Trainer entgegen:
„Hast du dich schlimm verletzt?"
„Nein", beruhigt ihn Peter,
„mein Bein ist nur eingeschlafen."

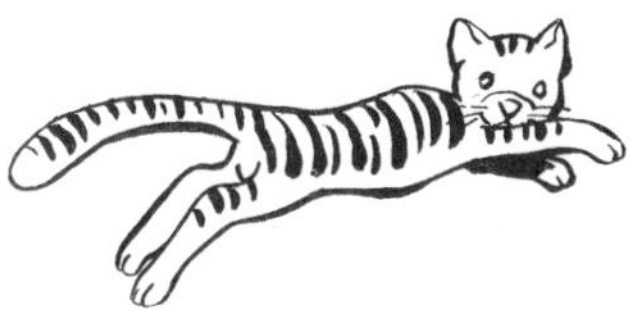

Die Fußballmannschaft hat wieder einmal hoch verloren. Genervt brüllt der Trainer: „Ich sagte: Spielt wie noch nie! Und nicht: Spielt, als ob ihr noch nie gespielt hättet!"

Justus fragt Peter:
„Was macht ihr im Karatekurs denn so?“
„Wir zerschlagen mit der Handkante Ziegelsteine“, antwortet dieser.
„Und wofür braucht man das?“, fragt Justus erstaunt.

Auf der Klassenfahrt in der Jugendherberge.
Sagt Justus: „Oh, ich kann nicht mehr laufen. Mein Fuß ist eingeschlafen!“
Darauf Bob: „Dem Geruch nach muss er schon lange tot sein!“

Die Klasse macht einen Ausflug ins Museum. Sie bestaunen ein Skelett. Da sagt Peter: „Guck mal, das hat eine Nummer. Was bedeutet FH 65489?"
Darauf erklärt ihm Bob: „Das ist bestimmt die Nummer des Autos, das den Mann überfahren hat!"

Der Trainer schimpft mit Skinny, der ein Eigentor geschossen hat: „Mann, warum hast du denn in unser eigenes Tor geschossen?"
„Ach die Dinger sehen sich so verdammt ähnlich."

Die Klasse ist im Museum. Nachdem sie lange herumgelaufen ist, setzt sich Bob völlig ermattet auf einen Stuhl.
„Da darfst du dich nicht draufsetzen. Das ist der Stuhl von Napoleon", tadelt ihn die Lehrerin.
„Ach, nur einen Moment", meint Bob, „sobald er kommt, stehe ich auf."

Auf dem Ausflug besucht die Klasse die Steilklippen. Als sie ehrfürchtig am Rand stehen, fragt Bob den Tourführer: „Hier stürzen bestimmt öfter Touristen ins Meer, oder?" Der schüttelt den Kopf: „Nein, die meisten haben nach dem ersten Mal genug."

Justus zeigt Peter ein Foto. „Hier bin ich im Zoo, Seite an Seite mit einem Gorilla.", erklärt er stolz.
Peter zieht die Stirn kraus: „Bist du der mit der Mütze?"

Die Klasse besucht einen Bauernhof.
Der Bauer fragt Peter: „Na, Junge, weißt du, wie ein Kälbchen geboren wird?“
Peter antwortet: „Tut mir leid, keine Ahnung.“
Der Bauer erklärt es ihm: „Zuerst kommen die Vorderbeine des Kälbchens aus der Mutterkuh. Danach kommt das Köpfchen, dann die Schultern, dann der Körper und ganz zum Schluss die Hinterbeine.“
Peter meint beeindruckt: „Interessant. Nur habe ich eine Frage. Wer baut dann alles wieder zusammen?“

Die Klasse kommt beim Wandertag an einer Alm vorbei. Der Bauer sitzt am Wiesenrand und melkt gerade eine Kuh. Da fragt ihn der Lehrer nach der Uhrzeit.
Der Almbauer hebt das Euter der Kuh etwas in die Höhe und sagt: „Es ist zehn Minuten vor drei!“
Der Lehrer meint verwundert: „Und das erkennen Sie am Euter?“
„Blödsinn!“, erwidert der Bauer, „Wenn ich das Euter etwas hochhebe, kann ich auf die Turmuhr im Tal schauen!“

Peter und Bob gehen nach der Schule in den Park und springen dort in den Teich.
Kommissar Reynolds erwischt die beiden und meint: „Könnt ihr nicht lesen? Zutritt verboten!"
Da ruft Peter: „Was wollen Sie denn? Wir sind doch nur zu zweit!"

**Justus, Peter und Bob gehen im Park spazieren. Da stolpert Bob, fällt auf die Nase und beginnt laut zu weinen. Eine Frau hilft ihm auf, streichelt ihm über den Kopf und fragt: „Alles in Ordnung, Kleiner? Ist die Nase noch ganz?"
Da meint Peter: „Keine Sorge, die Löcher waren vorher schon drin!"**

Beim Ausflug in den Zoo vor dem Löwenkäfig fragt Bob den Lehrer: „Wenn jetzt der Löwe aus seinem Käfig ausbricht und Sie frisst, mit welchem Bus müssen wir dann nach Hause fahren?"

Bob will Justus zu einem Zoobesuch überreden. „Komm doch mit, da gibt's jetzt eine neue Riesenschlange zu sehen!"
Darauf meint Justus gelangweilt: „Da schau ich mir lieber im Garten mit der Lupe einen Regenwurm an."

Skinny Norris war mit der Klasse im Tierpark. „Stell dir vor, Papa", erzählt er daheim, „da gab es einen Affen, der war genauso groß wie du!" „Unsinn", sagt da Bud Norris, „so einen großen Affen wie mich gibt es doch gar nicht."

Beim Ausflug aufs Land sehen
die drei ??? zum ersten Mal eine Herde Kühe auf der Weide. Da wundert sich Bob:
„Komisch, es gibt schwarz-weiße und braune Kühe."
Peter erklärt ihm:
„Ist doch logisch. Die schwarz-weißen geben die Milch fürs Müsli und die braunen den Kakao."

Der Lehrer zeigt den Kindern bei der Klassenfahrt den Sonnenuntergang: „Schaut mal, wie leuchtend rot die Sonne untergeht. Wisst ihr, warum das so ist?"
Darauf meint Peter: „Klar, sie ärgert sich, dass sie so früh ins Bett muss."

Bei einem Ausflug auf den Bauernhof bekommt Peter eine Reitstunde. Bei der Anmeldung gibt er zu bedenken: „Wissen Sie, dass ich noch nie auf einem Pferd gesessen hab?" Der Reitlehrer winkt ab: „Macht überhaupt nichts, dann bekommst du eben ein Pferd, das noch nie geritten wurde!"

Nach einem Fußballspiel sagt Justus zu Bob: „Also, in der zweiten Halbzeit war Peters Mannschaft ja noch langsamer als in der ersten." Da antwortet Bob: „Das stimmt, aber der Trainer soll sie in der Kabine auch ganz schön zur Schnecke gemacht haben."

Scherzfragen

für die Pause

Was ist schlimmer als ein Haar in der Suppe?
Suppe im Haar

Warum kommen Streichhölzer so schlecht miteinander aus?
Weil sie Hitzköpfe sind.

Wie viele Tiere nahm Moses mit in die Arche?
Was hat Moses mit der Arche zu tun? Das war Noah.

Was ist gleichzeitig drinnen und draußen?
Die Tür

Was sind die letzten Worte eines Briefträgers?
„Braves Hundchen!"

Was sagt ein Boxer zum anderen?
„Ich fühle mich so niedergeschlagen."

Was ist schlimmer als eine Sechs im Zeugnis?
Zwei Sechsen im Zeugnis

Was ist der Unterschied zwischen einem Auto und Toilettenpapier?
Das Auto kann man gebraucht kaufen.

Wie viele Beine hat ein Elefant?
Sechs. Vier Beine und zwei Elfenbeine

Was ist der Unterschied zwischen einem Klavier und einer Geige?
Das Klavier brennt länger.

Warum ist ein Tiger groß, wild und gestreift?
Wenn er klein, wild und gestreift wäre, wäre er eine Biene.

Was ist ein Chirurg?
Ein Aufschneider

Was hat zwei Arme, acht Beine,
drei Köpfe und zwei Flügel?
Ein Indianer, der mit seinem Falken
auf einem Pferd reitet.

Wie schreibt man
getrocknetes Gras mit
drei Buchstaben?
Heu

Es gibt Monate,
die haben 30,
andere 31 Tage.
Wie viele Monate
haben 28 Tage?
Alle

Was heißt ‚Dieb' auf Chinesisch?
Lang Fing

Was heißt ‚Polizist' auf Chinesisch?
Lang Fing Fang

Und was heißt ‚Polizeihund' auf Chinesisch?
Lang Fing Fang Wau

Wie nennt man einen schmutzigen Matrosen?
Meerschweinchen

Warum schließt der Hahn die Augen, wenn er „Kikeriki" ruft?
Weil er das Lied auswendig kennt.

Wie öffnet Kommissar Reynolds eine Konservendose?
Er ruft: „Aufmachen, Polizei!"

Was haben ein Lehrerzimmer und ein Getränkehandel gemeinsam?
Lauter Flaschen

Was ist der Unterschied zwischen einem Bäcker und einem Teppich?
Der Bäcker muss morgens früh um halb vier aufstehen.
Der Teppich kann liegen bleiben.

Was ist der Unterschied zwischen einem Beinbruch und einem Einbruch?
Nach einem Beinbruch muss man liegen, nach einem Einbruch muss man sitzen.

Kann man mit einem deutschen Pass nach Amerika fliegen, um dort Urlaub zu machen?
Nein, man braucht ein Flugzeug.

Welche Tiere können nichts hören?
Die Tauben

Was sagt ein Hammer zu einem Daumen?
„Schön, dich mal wieder zu treffen."

Welche Pferde kann man nicht reiten?
Blumentopferde

Was ist grau, hat Schaum vorm Maul und dreht sich immer im Kreis?
Ein Nilpferd in der Waschmaschine

Was hat vier Buchstaben, fängt mit ‚Po' an und man kann darauf sitzen?
Ein Pony

Als was bezeichnet man Menschen, die nicht alle Finger an einer Hand haben?
Als normal

Wie zieht man sich an kalten Tagen am besten an?
Schnell

Welcher Bart macht Geräusche, wenn man ihn krault?
Der Schnurrbart

Was steht auf dem Grabstein eines Kochs?
‚Er hat den Löffel abgegeben.'

Welchen Vornamen hat der Teufel?
Pfui

Welche Frucht hat niemals Mut?
Die Feige

Was ist der gefährlichste Tag für ein U-Boot?
Tag der offenen Tür

Was ist grün und fliegt durchs Weltall?
Ein Salatelit

Wovor haben Kängurus große Angst?
Vor Taschendieben

Was hassen Fische?
Antischuppenshampoo

Womit backen Schlümpfe?
Mit Garga-Mehl

Was ist der Unterschied zwischen einem Pferd und einem Blitz?
Das Pferd schlägt aus und der Blitz schlägt ein.

Welche Flocken fallen nicht vom Himmel?
Haferflocken

**Welches Tier hat nur ein Bein?
Ein halbes Hähnchen**

Wie nennt man ein helles Mammut?
Hellmut

Warum können Geister so schlecht lügen?
Weil sie so leicht zu durchschauen sind.

Wie nennt man jemanden, der so tut, als würde er etwas werfen?
Einen Scheinwerfer

*Was ist weiß und macht ein Nickerchen auf der Wiese?
Ein Schlaf*

Was ist die witzigste Süßigkeit?
Ein LOL-lipop

Wie öffnet ein Skelett seine Haustür?
Mit seinem Schlüsselbein

Welche sind die teuersten Tomaten?
Die Geldautomaten

Was ist schwarz-weiß gestreift und kann nicht laufen?
Ein Zebrastreifen

Was nascht ein Auto am liebsten?
Parkplätzchen

Können Lehrer schwimmen?
Zum einen ja, weil sie hohl sind, aber zum anderen nein, weil sie nicht ganz dicht sind.

Was ist weiß und rollt den Berg hoch?
Eine Lawine mit Heimweh

Was wird im Frühjahr aus
dem Winterspeck?
Frühlingsrollen

Was ist das Gegenteil
von Reformhaus?
Reh hinterm Haus

*Wie nennt man einen Bumerang,
der nicht zurückkommt?
Stock*

**Was ist grün,
glücklich und hüpft über die Wiese?
Eine Freuschrecke**

Was schmeckt nach Obst und ist blitzschnell?
Fluchtgummi

Was ist braun und fährt einen verschneiten Hang hinunter?
Ein Snowbrot

Was sind die letzten Worte eines Metzgers?
„Wirf mal das Beil rüber!"

Wer will immer Bananen?
Der Gieraffe

Wie heißt die Frau von Herkules?
Fraukules

Was liegt am Strand und redet 
undeutlich?
Eine Nuschel 

Was ist braun, süß und rennt durch den Wald?
Eine Joggolade

Was ist braun, hat einen Beutel und hängt am Baum?
Ein Hänguru

Was ist ein Keks unter einem Baum?
Ein schattiges Plätzchen

Was macht eine Wolke mit Juckreiz?
Sie fliegt zu einem Wolkenkratzer.

Wie nennt man einen Ritter ohne Helm?
Willhelm

Was ist braun, knusprig und läuft mit einem Korb durch den Wald?
Brotkäppchen

Was ist lila und bedient im Restaurant?
Eine Obergine

Welche Enten sind die klügsten?
Die Studenten

Was sitzt im Baum und weint?
Eine Heule

Was passiert mit einem blauen Schuh,
wenn er ins Rote Meer fällt?
Er wird nass.

Was ist schwarz-rot und lebt in der Antarktis?
Ein Pinguin mit Sonnenbrand

Was bellt und
schnäuzt die Nase?
Ein Rotzweiler

Was ist weiß und fliegt?
Die Biene Majo

Was ist ein Bär, der schreiend auf einer Kugel sitzt?
Ein Kugel-schrei-bär

Was isst der Dalai Lama zum Frühstück?
Buddhabrot

Wovon träumen Katzen nachts?
Vom Muskelkater

Wo schlafen Fische?
Im Flussbett

Was frisst Karotten und hält die Wohnung warm?
Ein Kaminchen

Wie nennt man einen Bob, der Kaugummi kaut?
Bob der Kaumeister

Welcher Schuh
hat keine Sohle?
Der Handschuh

Wer trägt den ganzen Tag eine Brille
und sieht trotzdem nichts?
Eine Kloschüssel

Wo wohnen die meisten Katzen?
Im Miezhaus

Welches Gebäck weiß
auf alles eine Antwort?
Ein Googlehupf

Welches ist das stärkste Tier der Welt?
Die Schnecke, sie kann ein ganzes Haus tragen.

Bei welchem Arzt ist Pinocchio in Behandlung?
Beim Holz-Nasen-Ohren-Arzt

Wie nennt man einen Mann, der aus dem Fenster sieht, ob es regnet?
Einen Regenschauer

Was macht ein Clown im Büro?
Faxen

Was ist grün und schaut durchs Schlüsselloch?
Ein Spionat

Was macht ein Pirat am Computer?
Er drückt die Enter-Taste.

Was ist braun, haarig und fährt durch die Stadt?
Ein Kokosbus

Was ist schwarz-weiß und sitzt auf der Schaukel?
Ein Schwinguin

Was ist braun und hat eine schlechte Schrift?
Ein Kritzlibär

Welcher Baum hat keine Wurzeln?
Der Purzelbaum

Was ist blau und
sitzt in der ersten Reihe?
Eine Schlaubeere

Was ist gelb und
schießt um die Ecke?
Eine Banone

Was schwimmt im Meer
und kann addieren?
Ein Oktoplus

Wie nennt man einen Polizisten,
der ein Sweatshirt trägt?
Pullizist

Was ist groß, grau und total egal?
Ein Irrelefant

Was ist grün
und klopft an die Tür?
Ein Klopfsalat

Was schwimmt auf dem See
und macht „Kikeriki"?
Ein Wasserhahn

Was ist dick
und steht am Kopierer?
Ein Prakifant

Was ist braun
und sitzt im Gefängnis?
Eine Knastanie

Was ist gelb und hüpft über die Wiese?
Ein Postfrosch

Was hat Haare und kommt in die Pfanne?
Eine Bartkartoffel

**Was steht im Schlafzimmer des Metzgers neben dem Bett?
Ein Schlachttischlämpchen**

*Was ist orange und läuft durch die Berge?
Eine Wanderine*

Was ist grün und liegt im Sarg?
Eine Sterbse

Was ist rot und sitzt auf der Toilette?
Eine Klomate

Was macht das Nilpferd nachmittags?
Ein Dickerchen

Wie nennt man einen verletzten Gockel?
Einen Auahahn

Welche Mütze kann man nicht aufsetzen?
Die Schlafmütze

Wie nennt man ein Pferd im Gefängnis?
Zebra

Was ist gesund und hyperaktiv?
Eine Hampelmuse

Was braucht ein Blinder im Schwimmbad?
Einen Sehhund

Warum leben Eskimos so lange?
Weil sie nicht ins Gras beißen können.

Was gibt sieben mal sieben?
Feinen Sand

Wie heißt das Reh mit Vornamen?
Kartoffelpü

Was ist schlimmer als ein angebissener Apfel mit einem Wurm drin?
Ein angebissener Apfel mit einem halben Wurm drin.

Was ist rot, schnieft
und läuft durch den Wald?
Rotzkäppchen

Wer schummelt im Dschungel?
Mogli

Wie nennt man einen Italiener,
der sich junge Schafe leiht?
Lamm-borg-hini

Was ist rot und steht neben dem Kopierer?
Eine Paprikantin

Was lebt unter Wasser und sieht alles doppelt?
Ein Schielpferd

Was ist schwarz-weiß und steht still auf der Stelle?
Ein Klebra

Was ist gelb
und filmt alles von oben?
Eine Zidrohne

Was sagt ein Uhu mit Sprachfehler?
Aha

Welches Getränk trinken Firmenchefs?
Leitungswasser

Warum summen Bienen?
Weil sie den Text nicht kennen.

Was quiekt beim Bauen?
Ein Ziegelschwein

Was ist knusprig, lecker
und sitzt in der Kirche
in der ersten Reihe?
Ein Frommfrites

Was ist schwarz-weiß und
hüpft durch den Schnee?
Ein Springuin

Was ist die Lieblingsspeise von Piraten?
Kapern

Was bestellt
ein Maulwurf im Restaurant?
Ein Drei-Gänge-Menü

Was fliegt über die Blumenwiese und macht „mus, mus“?
Eine Biene im Rückwärtsgang

Wie nennt man
den Flur eines Iglus?
Eisdiele

Was macht ein Wikinger auf einem Eisberg?
Frieren

Was ist rot, rund und hat zwei schwarze Streifen?
Ein Apfel mit Hosenträgern

Was ist gesund und ständig beleidigt?
Ein Schmollkornbrot

Warum steht die Freiheitsstatue in New York?
Weil sie sich nicht setzen kann.

Womit findet man am besten neue Freunde?
Mit Kontaktlinsen

Wie heißt der Bruder von Elvis?
Zwölvis

Was ist lila und betet?
Eine Frommbeere

Was ist gelb und
schwimmt auf dem Ententeich?
Eine Schwanane

Was ist grün, steht auf der Wiese und dreht sich?
Ein Frosch beim Hammerwerfen

Welche Sprache wird in der Sauna gesprochen?
Schwitzerdeutsch

*Was hängt im Urwald
an den Bäumen?
Urlaub*

**Was ist grün und auf der Flucht?
Ein Essig-Schurke**

Was ist grün, glücklich
und hüpft übers Gras?
Eine Freuschrecke

**Was ist süß und
hangelt sich von
Tortenstück zu
Tortenstück?
Tarzipan**

*Was ist süß, blöd und klein?
Dummibärchen*

Was ist gesund und
schwimmt auf dem Wasser?
Ein Vollkornboot

Was sitzt im Baum, hat Kopfschmerzen und kann nachts gut sehen?
Eine Beule

Was ist fettig und
übernimmt den Haushalt?
Ein Diener Schnitzel

Was ist braun und läuft
mit dem Korb zur Großmutter?
Brotkäppchen

Was ist grau und
wird in Afrika zum Telefonieren benutzt?
Ein Telefant

Warum können Bienen so gut rechnen?
Weil sie sich den ganzen Tag mit Summen beschäftigen.

In welcher Maßeinheit messen
Hunde ihre Temperatur?
In Bell-Grad

Womit kann man Berge glätten?
Mit dem Hügeleisen

Wie nennt man
einen Cowboy ohne Pferd?
Einen Sattelschlepper

Was waren Spidermans letzte Worte?
„Mist, kein Netz!“

Was schwimmt im Wasser und quiekt?
Eine Meerjungsau

Was ist ein Beutel mit Blaulicht?
Eine Tatüte

Was ist krumm und flattert am Mast?
Eine Fahnane

Was gräbt und ist außer Puste?
Eine Schnaufel

Was sagte der Erbauer des Schiefen Turms von Pisa vor Baubeginn?
„Wird schon schiefgehen!“

Was benutzt ein Geizhals zum Frisieren?
Spar-Gel

Was ist grün, rund und qualmt?
Kohldampf

Was ist das Lieblingsspiel von Seeungeheuern?
Schiffe versenken

Was ergibt eine Kreuzung zwischen einem Igel und einem Regenwurm?
Stacheldraht

Was ist schwarz-weiß gestreift und berührt nicht den Boden?
Ein Schwebra

Wie heißt Sonnenuntergang auf Finnisch?
Hellsinki

Welche Handwerker essen am meisten?
Maurer, die verputzen ganze Häuser.

Warum fliegen Vögel im Winter in den Süden?
Weil es zu weit zum Gehen wäre.

Welches Gemüse erzählt die besten Witze?
Kichererbsen

Warum ist das Mathebuch so traurig?
Weil es zu viele Probleme hat.

Was ist ein Lüneburger, der aus der Kirche ausgetreten ist?
Ein Lüneburger Heide

Welcher Hut passt auf keinen Kopf?
Der Fingerhut

Welche Leiter nützt der Feuerwehr nichts?
Die Tonleiter

Welche Kunden werden nicht bedient?
Die Sekunden

Welcher Arm macht den meisten Lärm?
Der Alarm

Welche Rosen welken nicht?
Die Matrosen

Welcher Bus überquerte
als erster den Ozean?
Kolumbus

Welche Bahn fährt nicht auf Gleisen?
Die Autobahn

Auf welcher Straße ist noch keiner gefahren?
Auf der Milchstraße

Was sitzt auf dem Baum und winkt?
Ein Huhu

Warum ist Rätselraten so gefährlich?
Man zerbricht sich schnell den Kopf.

Was ist braun, klebrig und läuft durch die Wüste?
Ein Karamel

Wo sind Meerschweinchen unerwünscht?
In Hamsterdam

Was sind die letzten Worte eines Vampirs?
Was für ein schöner Tag!

Was sagt der große Stift zum kleinen Stift?
Wachsmalstift

Warum gehen Ameisen nicht in Kirchen?
Weil sie in Sekten sind.

Warum wachsen auf dem Mond
keine Blumen?
Zu wenig Erde.

Wie heißt der Schutzpatron der Glöckner?
Heiliger Bimbam

Was essen Models am Liebsten?
Laufsteak

Was ist grün und macht die Toiletten sauber?
Ein Klokodil

Was ist schwarz-weiß, steht auf der Weide und macht „Quak, Quak!“?
Eine Kuh mit Fremdsprachenkenntnissen

Was bestellt sich ein Frosch im Restaurant?
Quark

Wohin geht eine Kuh am Freitagabend?
In ein Muuhsical.

Wie macht ein unentschlossenes Schaf?
Äääähm.

Wie schnell ist eine Schildkröte auf der Autobahn?
150 Stundenmillimeter

Was gräbt die Erde um und ist schnell außer Atem?
Eine Schnaufel

Warum ist es in der Apotheke so leise?
Damit die Schlaftabletten nicht wach werden.

Wie nennt man einen Hund, der gerne Seifenblasen mag?
Shampudel

Wo geht ein Schriftsteller gerne angeln?
Am Wörtersee

Was trinkt ein Pinguin am liebsten?
Eistee

Wie heißt die Befehlsform von ‚schweigen'?
Psssst!

Wie schreibt man Mausefalle mit fünf Buchstaben?
Katze

Was ist das Lieblingsspiel von Seeungeheuern?
Schiffe versenken

Was ist der Unterschied zwischen Bienen und Pianisten?
Pianisten haben nur einen Flügel

Worauf sitzt man, schläft man und putzt sich
die Zähne mit?
Ein Stuhl, ein Bett und eine Zahnbürste

Welche Haarfarbe hatten
die alten Römer?
Grau

**Was kann man jemandem geben, aber
gleichzeitig behalten?
Grippe**

*Was mögen Katzen genauso gern wie Schwimmer?
Das Kraulen*

Wie oft konnte Noah angeln gehen?
Zweimal, denn er hatte ja nur zwei
Würmer.

Wer ist Draculas bester Freund?
Sein Bluthund

Was denkt ein Löwe, wenn er einen Ritter in seiner Rüstung sieht?
„Nicht schon wieder Dosenfutter.“

Was ist der Unterschied zwischen einem Knochen und der Schule?
Der Knochen ist für den Hund und die Schule für die Katz!

Was ist durchsichtig und riecht nach Karotte?
Ein Kaninchenpups

Warum nimmt der Kapitän immer ein Messer mit aufs Schiff?
Damit er in See stechen kann.

Warum haben Polizisten eine Schere dabei?
Damit sie den Räubern den Weg abschneiden können.

Wie unterscheiden sich die Schule und ein Irrenhaus?
Durch die Telefonnummer

Warum schwimmen Delfine in Salzwasser?
Weil sie in Pfefferwasser dauernd niesen würden.

Warum gehen Katzen so gerne ins Fitness-Studio?
Weil sie einen Muskelkater kennenlernen möchten.

Wo geht nachts das Licht hin?
In den Kühlschrank, da ist es immer hell.

Was macht ein Elefant, wenn er nicht mehr vom Baum runterkommt?
Er setzt sich auf ein Blatt und wartet auf den Herbst.

Warum haben Giraffen so einen langen Hals?
Weil der Kopf so weit oben ist.

Warum ist ein Hirsch groß und braun?
Wenn er klein und braun wäre, dann wäre er eine Fledermaus.

Wie heißt ein Bär, der den ganzen Tag im Bett liegt?
Teddybär

Wie heißt ein Bär, der eine
Eistüte in der Hand hält?
Eisbär

Und wie heißt ein brauner Bär?
Braunbär

Und wie heißt ein roter Bär?
Himbär

Wie heißt ein Bär, der fliegen kann?
Hubschrau-Bär

Wie heißt ein Bär, der auf einer Kugel sitzt und schreit?
Kugel-Schrei-Bär

Ihre großen Fälle!

- ☐ Panik im Paradies
- ☐ Radio Rocky Beach
- ☐ Invasion der Fliegen
- ☐ Chaos vor der Kamera
- ☐ Flucht in die Zukunft
- ☐ Gefahr im Gruselgarten
- ☐ Gruft der Piraten
- ☐ Nacht unter Wölfen
- ☐ SOS über den Wolken
- ☐ Spuk in Rocky Beach
- ☐ Fußballgötter
- ☐ Falsche Fußballfreunde
- ☐ Der Weihnachtsdieb
- ☐ Fußballhelden
- ☐ Der goldene Drache
- ☐ Die Laser-Falle
- ☐ Der Fußball-Roboter
- ☐ Gefährlicher Nebel
- ☐ Turbo-Rennen
- ☐ Die Delfin-Piraten
- ☐ Fußball-Diebe
- ☐ Tatort Skater-Park
- ☐ Falscher Alarm
- ☐ Riesen in Rocky Beach
- ☐ Das Geisterspiel
- ☐ Schatz aus dem All
- ☐ Im Geistergarten
- ☐ Flug ins Nichts
- ☐ Gefahr im Spiegelkabinett
- ☐ Spuk im Leuchtturm
- ☐ Die Geistermühle
- ☐ Falsche Vampire
- ☐ Geheime Zeichen
- ☐ Der Schrottkönig
- ☐ Die Fragezeichen-Falle
- ☐ Die Geisterpferde
- ☐ Football-Falle
- ☐ 100 Stunden
- ☐ Geistermusik
- ☐ Spur der Tresorknacker
- ☐ SOS im Bike-Park

kosmos.de/diedreifragezeichenkids

Weitere Bände der Reihe sind als E-Book erhältlich.